こころ ことば 輝いて

育ちあう
3歳児の1年

こころことば輝いて

育ちあう3歳児の1年

もくじ

はじめに　8

1章　自我と模倣欲の輝く三歳児の1年　11

1　自然に親しむ3歳児　13

（1）共感の響き合いを基礎にして　こんなクラスをつくりたい　13

（2）一人ひとりが見つける自然　16

（3）保母といっしょに見つける自然　18

（4）表現しながら考える　20

2　春のようす　24

（1）新入児が慣れるまで　24

（2）散歩が始まる　28

（3）雨の日に　31

3　どろんこ遊びは面白いね　33

（1）3歳児のどろんこ遊びについて　33
（2）継続児と新入児が友だちになる瞬間　36
（3）土団子と散歩のイメージを結びつけて　41
（4）楽しい団子転がし　44
（5）土や泥に抵抗感のあった子も加わって　46

4　プール遊び大好き　50

5　おたまじゃくしは不思議だね　56

（1）おたまじゃくし、発見！　56
（2）おたまじゃくしがすくえたよ　61
（3）カエルの生と死を見つめて　65
（4）十人十色の発見や驚きのなかで　69

6　病院ごっこを遊ぶ　74
（1）Sの「おお、頭が痛い」が始まり　74
（2）翌日、SがRを誘う　76
（3）期待を持たせて一時中断　79
（4）本格的ベット作りからの再開　80
（5）自分のやりたい役を具体化する小道具　82
（6）さらなる発展　―病院に名前がつく　86

7　普段の保育を生かした運動会　91

8　秋の遠出（牧場と山登り）　97
（1）さあ雪ケ峰牧場だ　99
（2）次は五台山だ　102

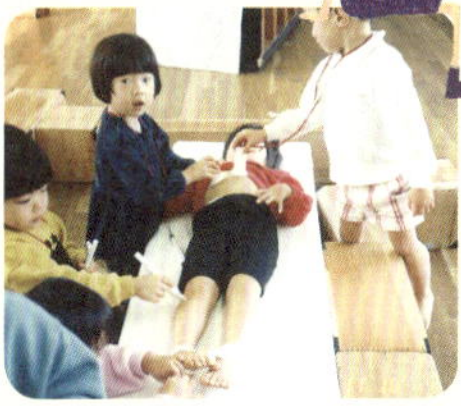

9　室内遊びいろいろ　106
（1）箱積み木を使った遊び　106
（2）お店屋さんごっこが来るよう　110

10　冬から春へ　117

2章　座談会
子ども・保育士・保護者と心を寄せて
～これからの保育士さんにエールを！　127

3章　乳幼児期全体から子どもをとらえる　153

おわりに　172

はじめに

保育の現場を離れて18年目になります。在職中に4、5歳児の保育実践を『今をいっぱいに輝いて』、1、2歳児の実践を『輝きをもらいながら』（共に、南の風社）という本にまとめました。

退職後、ぽつぽつと3歳児のまとめに取りかかっていましたが、資料の散逸その他でなかなか筆が進まず、今日に至ってしまいました。今さらという気もありますが、3歳児の実践をまとめておかないと私の保育士の仕事が終わらないと思い、「肩肘を張らずに写真を多く使った簡単なものに」と、まとめたものが、この本です。

また、保育フレンドブックシリーズ8冊の1分冊として『自然の不思議みつけよう』（あゆみ出版）という題で、私が担当した本がありますす。表題のとおり、子どもたちと自然とのかかわりを、年相応の受け止め方で感じとり、楽しみ、成長していくようすを記録したもので、3歳児から5歳児までの実践でした。

この本は、その中から3歳児にかかわる部分を「1　自然に親しむ3歳児」、「3　泥んこ遊びは面白いね」、「5　おたまじゃくしは不思議だね」、に少し加筆して使わせていただきました。ご覧になった方があれば重複をお許しください。

なお、現在は「保育士」といいますが、「保母」と当時のままの表記にしている部分もあります。

1章

自我と模倣欲の輝く三歳児の1年

春から夏、秋、冬……そして次の春。3歳児の一年を、写真とともに追いかけた記録です。3歳児の育ちが、季節の巡りの中で見てとれると思います。

1　自然に楽しむ3歳児

（1）共感の響き合いを基礎にして　こんなクラスをつくりたい

3歳に進級した初日、ひさしぶりに登園した千奈ちゃんには、一つの大きな発見と驚きがありました。

「あのー、ほら、ほら、せんせい、さいちゅう、チューリップ？」

「……」

「うーん、チューリップとちがう、ほらほら、さいちゅう」

と、庭のほうを指さして教えてくれます。さした指の方向にはチューリップは見えません。どうやら満開に咲いた桜の花のことのようです。

休園中にすっかり園庭のようすが変わったことに、目がうばわれたのでしょう。このようすに3歳四か月の千奈ちゃんの心がふるえ、いきなり発した花の名が、自分が知っているチューリップだったのかもしれません。そうは言ったものの、なんだか変な思いが残ったようです。しかし、千奈ちゃんの感動がしっかり伝わってきました。

「うわー、本当や。きれいな桜が咲いちゅうね」

と私も共感を返しました。

そして翌日、またうれしいことに出合ってしまいました。はじめてのお弁当持ち登園がうれしくてたまらない裕太くんがいました。朝から、

「はらがへった。はらがへった。ごはんがたべたい。はようたべろう」

と何回も保母をせかしていました。ほかの子たちもそうだろうなと思い、少々早めのお弁当にしました。

テーブルにつくと、喜びがはじけるような子どもたちです。その中の一人、裕太くんはニコニコしてご飯をひと口入れました。あれ？と思ったのでしょう、

「ごはんがつめたい！」

と大声を発します。昨年までの給食のご飯はぬくぬくだったので、意外さを感じたのでしょう。確かな舌の反応から、いきなり飛び出したことばのすばらしさに出会ったのでした。

こんなすてきな3歳児がいる、そうだ、こんな思いがそのまま飛び出すようなクラスをつくりたい、と、二人の驚きをもらっての出発となりました。そのうち、二十人の子どもたち一人ひとりからも、きっとこんな姿が見えてくるでしょう。

とにかく、自然との出合いや実体験を、ゆっくりたっぷりと味わっていくうちに、自然の中にある不思議さ、その未知数なものによって、子どもたちの五感は限りなくゆさぶられていくでしょう。その過程を、保母もいっしょに楽しんでみようと思いました。

保母は、子どもたち一人ひとりに寄り添い、共感を送り、ときには不思議さの発見をもらって仲間にはたらきかけてみるなど、仲間どうしの共感関係をつくっていこうと思います。不思議があって面白く、かかわる過程に変化が見え、また不思議さを感じるという循環的な楽しさがきっと飛び出してくるでしょう。ここに感情が伴った表現があらわれ、考えながら明日へと実体験をつなぐ喜びが見えてくるのではないかと思います。

（2）一人ひとりが見つける自然

四月当初の3歳児を想像してみますと、進級・新入児の入り混じった中に、心身の表情がさまざまに投げかけられています。この表情を私は、自分をとりまいている環境に対する精いっぱいの五感の反応だと見たいのです。心が安定してくるとき、この反応が明るさに満ちはじめます。そこでの五感は、遊びの対象物を見つけて、生き生きとするものに変わっていきます。

その対象物としてよく見られるものに、砂や土や水があります。また、ときには小さな虫や穴、草花だったりします。これらのどれをとってみても、春ならではの戸外遊びを楽しくするものばかりです。なぜなら、かかわっていると形が変わったり意外性が飛び出したりと、子どもたちをどんどん〝とりこ〟にしていくものばかりだからです。砂一つをとっても、形ができたり、崩れたり、音がしたり、散らばったりと変化するので、つぎの変化のイメージをもちながら、自分の思いを試す工夫がはじまるのです。かかわるほどに、だんだんとそのものの特徴を知っていきます。

とにかく、自分が見つけた自然物にたっぷりかかわり、満足するまで遊ぶ、というのが3歳児の特徴ではないでしょうか。

虫との出合いも同じです。少しちがうところは、動きを見せる不思議なものに対する警戒心と動揺でしょうか。

「せんせい、なにかおる。はようきて」

と、かならず誘いにきます。そこで、いっしょにしゃがんでじっくり見ることで、子どもたちが落ち着いてきます。そして、指を出したり引っ込めたりという、かかわりがはじまります。「あっ、うごいた」「うごかんなった」と驚きの声を発しながら、つかもうか、どうしようかと子どもの内面がたたかっています。

そのうち保母がつかむのを見て、まねがはじまります。つかむと仲間に見せたくなり、見せられた子は自分もやってみようと寄り集まってきます。危険でない虫であることを知ると、見やすいところへ持っていってはわせたり、自分の服にとまらせたりと試しています。このようにして虫に引きこまれていくこともあります。

こうしたかかわり方は子どもだけでなく、大人にもあると思います。つまり、人間は相対《あいたい》するものを知ってみたいと思うとき、さまざまにしてかかわり、試行錯誤的なことを重ねているのではないでしょうか。

行動範囲がどんどん広がっていく3歳児も、安心の基地を感じながら、〝自分が〟

とか〝自分も〟という思いでかかわり、まずそのものが何であるか、何というものかを知っていきます。こうして自分のまわりを知っていくことは、とても大切なことだと思います。

しかし、一回の出合いや体験で、みんなが知ったり覚えたりということはけっしてありません。完全にそっぽを向いている子だっています。その子にとっては、大きな自然の巡りの中でとらえられていくものだからと考えています。

しかし、一人ひとりの子どもにとって、いまがチャンスだとか、いまだからこそと考え、体験を願うときもあります。そのとき私は、無理じいするのではなく、かかわりたくなるような環境や雰囲気づくりを大切にしたいと考えます。その中では、保母の楽しみ方も大きく影響するように思えます。

こうして、一人の発見の楽しさは仲間どうしの中に広がっていくのです。後述するどろんこ遊びなどがこれにあたります。

(3) 保母といっしょに見つける自然

子どもにとって、自分の身のまわりのことに気づいたり知ったりするのは、とても大切であるということは、前述したことの中からも理解していただけるでしょうか。一人ひとりが見つけるものや遊びを土台にしますが、そこにプラスして身のまわりの範囲を広げるようにしていきたいものです。これは保育園ならどこでもやられていることです。

なぜかというと、保育園の生活は季節の巡りと重なってあるものだからです。そして、自然の一つである人間も、季節に逆らった生活をすることはできません。だから保育園では、季節の巡りに調和していく生活づくりを大切にしているのだと思います。

そのためには、おりおりの季節の中で、たっぷりと遊んだり、自然を見つけたり、不思議さに出合ったり、などの実体験をくり返していくことが大切です。また、園内に飼育や栽培の環境を整えることも、そのためではないでしょうか。つまり、自然と向きあうなごみの中で実体験を豊かにして、自然を楽しもう、知ろうというはたらきかけでしょう。そこには、保母の意図するものや計画などがはっきりと出てくると思います。子どもたちとの散歩も、ここに目的をもつといえるでしょう。

人は年令に関係なく、心地よく生きることを望み求めるものです。地域の自然を求め、くり返し出かけながら地域の自然を知っていくなかに、その年令らしい自然の発見があり、かかわり方があり、不思議さの発見は、さらなるかかわりへと意欲を高めていきます。

こうした実体験のくり返しこそ、個々の感性や勘を磨き、かしこい生活をする力を育てていくのではと考えます。

(4) 表現しながら考える

人は感じたことを表現したくなります。その表現のしかたは、年令によっても個人によってもちがいます。幼い子どもたちにとっては、表現したことが自分のまわりの人たちによって受け入れられたり、反応が返されたりすることによって、うれしくなったり、励みになっていくように思います。

だから、このことを保母はとても大切にしています。子どもたちがものにかかわり、人にかかわって表現してくるもの(表情・声・ことば・からだの動きなど)をすべて受け入れ、共感をもって返していくのです。

それを励みにした子どもたちは、もっとやろうとか、こうやってみようとか、こんなことも見つけたよと、自信をもって活動し、内在したことばで考えていることがよくわかります。保母との関係で受け入れられ励まされることで、子ども自身はかならず仲間も受け入れ、共感関係を広げていくきっかけとなっているのです。そこに見られる表情・表現が、互いの合意やかかわりへの励みをつくっています。

こうした関係を十分くぐりながら、ことばが表に出てくるように思います。そして、3歳児らしく、ことばが身振り手振りの表現に加わってきます。仲間といっしょに遊ぶ楽しさを覚えた子どもは、「オイ、かずや、おれといっしょにあそんじゃる」と誘いこんでいくのです。これまでの「あー、したらいかん」と仲間を受け入れなかった態度から、「よせて」「うん、いっしょにしよう」に変わるのです。

そうしたころに、ままごとや病院ごっこなどを重ねてやってみると、生活の中で見てきたことやことばが、ずいぶん自由に飛び出してくることを感じます。ここには述べませんが、これは生活の再現的遊びなのです。共通体験がことばのイメージをとてもよくとらえるようになります。生活をとおしてことばを知り、ことばをとおして生活を見ていくためでしょう。

3歳児の擬人的表現が、さらに楽しさを加えていきます。

自分たちで育てているカブを見ながら、保母が「カブが大きくなってきて、土の上に白いがが出てきたねえ」と言うと、「そしたら、カブのおうちはすなやねえ」とか、

「とをあけて、でてきゆうがや」と応じてきます。

さらに、カブでホタルかごをつくるため、3月までそのままにしておきました。そのころのカブはまっ黄色の花盛りでした。すると、「カブからどうしてはながさくろうか」と聞いてくる子が出てきました。

「どうしてかなあ?」「たねがふくらんできたがやない?」と保母が言うと、「たねをまいたきやない?」「みずをやったきやない?」と言うのです。

生活の中で自分の気づいたことを話してみる場面をつくることを大切にしてきましたが、カブを見つづけてきた子どもたちが、いつの間にかこんな話し合いができるようになっていたのです。

子どもたちがくり返し一つのものを見つづけることは、そのものを知っていくことになりますが、その裏側から見ると、表現しようとすることばは、生活体験から探しているのです。しきりに想像し、一つのイメージをつくるという考え方をしているように思いました。

また、自分のからだから出てきたウンチを見て、不思議でならないということもありました。「せんせい、きてきて。けむりがでよう」「えっ、どこから?」と驚きを見せてトイレに行きました。「ほら、みてみて」「あら、本当や、煙かな?　湯気かな?」

「ゆげ?・」と言い返してきます。それをいっしょに見たなおきくんは、「ぼくのウンチからもでるぜ」「そう」「いっしょやねえ」「和也くんのおなかも、なおきくんのおなかも、ぬくぬくかな?」と話がはずみます。

こうして、3歳児は不思議さや驚きのなかで、ことばが自由になっていきます。それは、しゃべると反応してくれる人がいるからなのです。受容、共感関係をもとに実体験を話すことは、よく見ること、聞くことをうながし、仲間をくぐって考える楽しさをふくらませていくように思います。

そういう意味で、自然を楽しむことのなかには、一人ひとりの思いや考えが、限りなく息づいているように思います。そこに交流があってこそ、子どもたちはさらに表現すること、考えることを楽しむようになるのでしょう。

2　春のようす

(1) 新入児が慣れるまで

3歳児のバラ組は2歳で入園した継続児、他の園からの転入児、初めて入園する新入児がいて、それぞれ保育園とのかかわりに濃淡の差があります。この組では新入児が少ないせいか、不安を露わにする子はあまりいませんでした。

継続児は昨年の経験を生かして、園庭での土や水を使った遊びや自然発見、室内遊びに積極的。また、友達関係などを含めた園生活を、年長児の真似などをして発展させていきます。新入児は、ためらいながらも少しずつその中に溶け込んでいくのが、この時期の保育園のようすであり特徴であるといえます。

日ごとに暖かくなる4月、雨でないかぎり進級児たちは庭のあちこちに飛び出して、それぞれが見つけた遊びに熱中します。砂場に出てお団子つくりをする子、年長児の真似をして水道の蛇口から水を飛ばす子、廃材入れから探してきたもので遊ぶ子などさまざまです。それらを眺めながら何もしない子もいます。

しかし、無理じいはしません。子どもたちが自分で見つけたもので自由に遊ぶことを大切にします。自分が遊びを見つけ作ることによって、自主性を育てると同時に、「保育園は面白いところだ」というイメージを子どもたちに与えるねらいもあるからです。

特に子どもたちは、身近にある砂、土、水を使った遊びが大好きです。そのうちパンツ一つになって一日中、夢中になって遊びだすようになりますが、それは別の章で取り上げます。

Ｙは S に「どうして泣きゆーが」「………」「先生、この人、泣きゆー」。私が S に聞くと、聞きとりにくい声で「○○君がやったー」と訴えます。

絵具の空チューブに水を入れて飛ばす、一人遊びのＴ。押す力で飛び方が違います。地面にできる模様が気に入ったようす。

あっ！変な水。年長児がホースから飛ばす水を、掴もうとしたり、バケツで受けようとしたりするようす

園庭で遊ぶ継続児たちに、我関せずの態度で、三輪車に乗る新入児もいます。

（2）散歩が始まる

4月当初の忙しさが少し落ち着いたころ、「散歩に行こうか」と園の周辺歩きに誘うと、その反応は上々で、笑顔がいっぱいなのが進級児たち。この子たちは、楽しかった昨年の経験からのワクワク感をいっぱいに見せています。

新入児や転入児にはそこまでの反応は見られませんでしたが、近くの街歩きや公園に誘っているうちに、少しずつ散歩に慣れてきます。

そうした日々を繰り返していたある日、

「手をつないであげるから、あした丸池公園に行こう」

と年長組さんが誘ってくれました。「うぁー！　うれしい。今は一面のシロツメクサの花盛りだろう……」とワクワクワクの私でした。バラ組になって初めての長距離散歩です。

当日、年長児は小さな子の手を取って、上手にリードしながら歩いてくれ、さすが年長組さんだと、安心したり嬉しかったり。

公園では、ツメクサの花を摘んだり、花冠を作ってもらったりと、たっぷり楽しん

自動車の少ない裏道を、お兄ちゃん、お姉ちゃん気分の年長児と手をつないで歩く。

花冠の編み方で、茎が長くいることに気づいて、茎を長く摘もうとする子どもたち

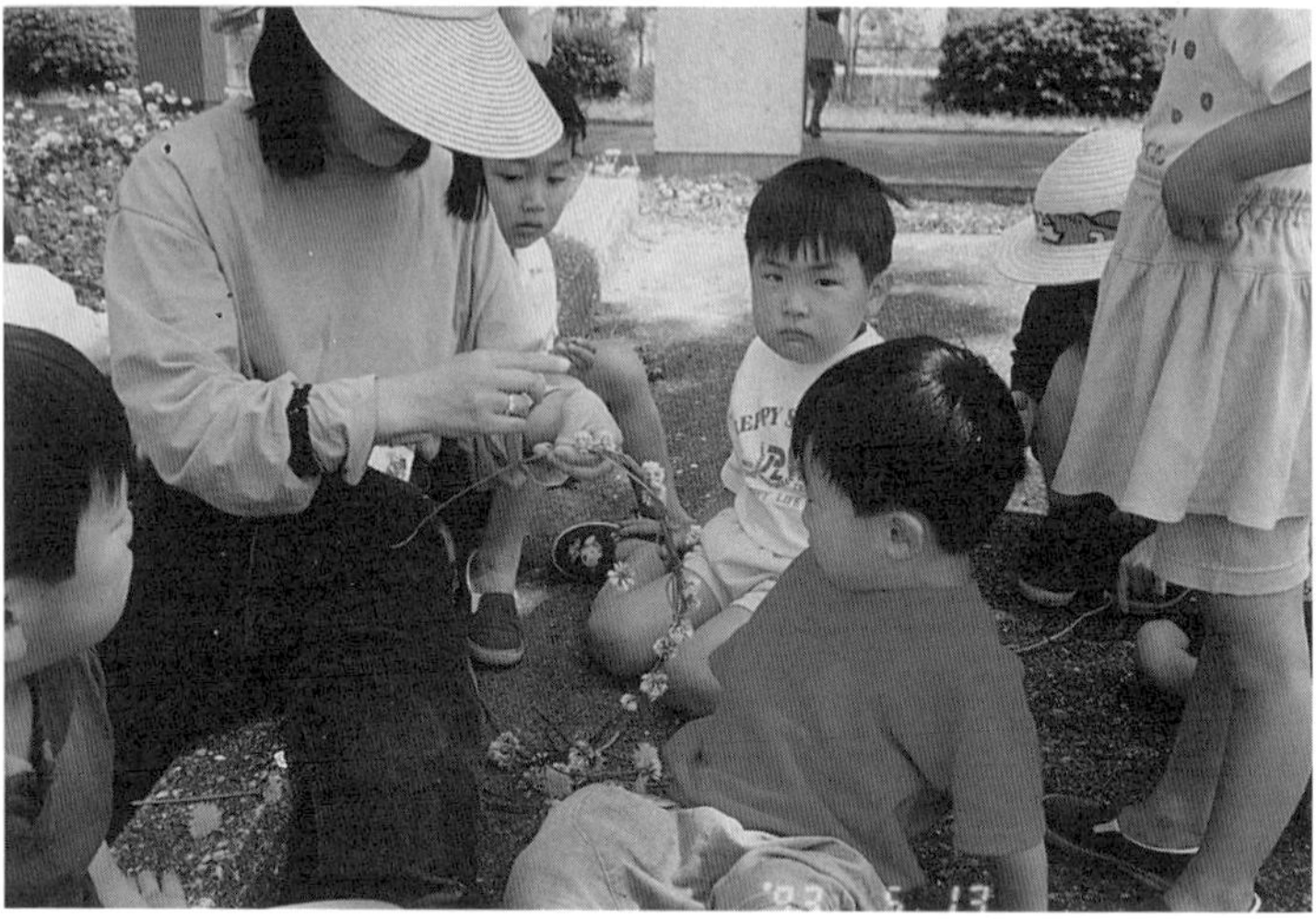

花冠を作ってほしい子どもたちは、保育士を囲む

「これ見て、僕も掴めたよ」と、嬉しくも誇り顔でツメクサを見せるR

だ半日は、あっという間に過ぎてしまいました。

(3) 雨の日に

雨の日はどうしても室内遊びが多くなります。壁際に積み上げた中型積み木を引っ張り出し、いろんなものを作りだします。人気があるのはバイクなどの乗り物。折り紙遊びも大好きですが、厚手の広告紙は? ああ、やっぱり刀です。子どもたちはチャンバラごっこも大好きです。

お店屋さんごっこも室内の遊びの人気者。でも、これらの遊びは一年中できるので、室内遊びとして後にまとめるとしましょう。

湿気の多いこの時期には、室内にもいろいろな生き物がいます。誰かが蜘蛛を見つけると、「落ちんろうか?」「どこへ行きゆうろ?」など、関心を示す子どもたちでした。

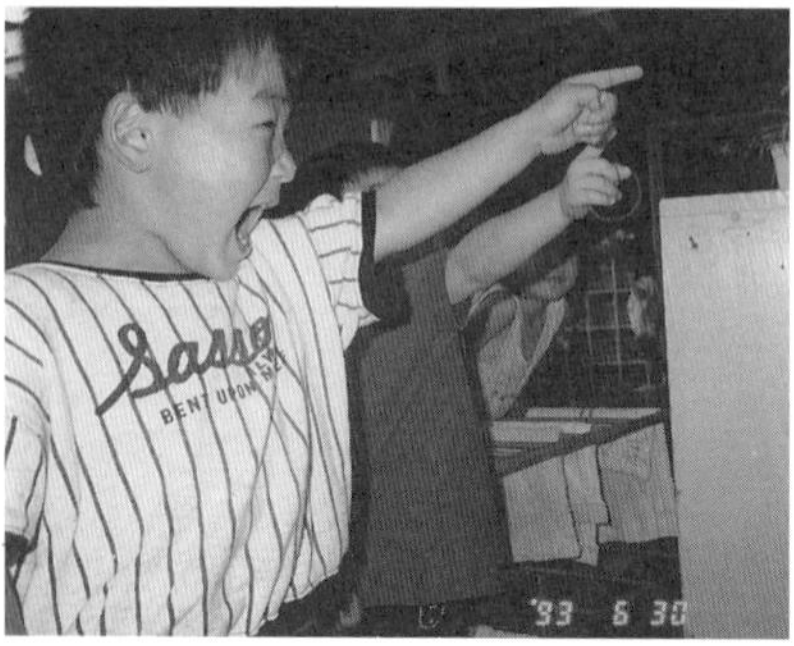

「あっ！何か動きゆう」「えっ！どこどこ？」「あっ！あれや」「なにかなあ！」「静かにしてよ」。まっすぐに指を伸ばす。

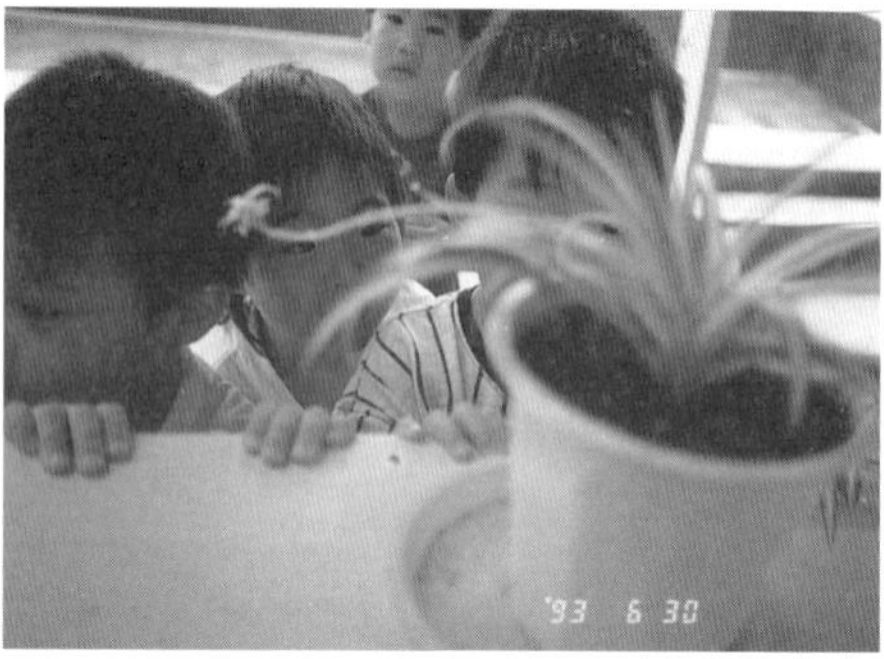

「葉っぱの中に隠れたぜ！」「葉の上に乗った」やがて蜘蛛は天井にはいあがる。「落ちんろうか」「どこへ行くろう」

いつまでも不思議そうに蜘蛛の行方を見ている子どもたち。

3　どろんこ遊びは面白いね

（1）3歳児のどろんこ遊びについて

ここでは、自然環境に恵まれない街中の下知保育園でのごく身近な私の体験にもとづいて、自然に親しむ3歳児の実践を述べてみたいと思います。

幼い子どもが生活の中で、いち早く見つける自然物の中に、土・石・水・砂があると思います。赤ちゃんを庭に座らせてみると、自分のからだのまわりに手をやり、よく手を動かしていることがあります。これは赤ちゃんの指先が異物にふれて、不思議さを感じているからではないかと思ってしまいます。

ときには、ふれたものをつかみ、口に入れることだってあります。そうしているうち、食べられないものであることを知るときがきます。するとつぎには、食べるまねができるようになっていきます。こうなると、土や砂は遊具に変わるのです。

2歳ごろにもなると、砂や土を器に入れたり型ぬきをしたり、できたものに命名したり、その模倣があったりの楽しみ方ができるようになります。

そして3歳になると、土とのかかわりがぐんと大きくなってきます。そこには、ことばの発達を伴った遊びの質的変化とでもいえるものがあるのではないでしょうか。

そこで、継続児にしても新入児にしても、土とのかかわりをどのようにしてつくり、親しいものにしていくかということが大切になります。自然の少ない園での土の存在は、子どもたちにとって大きな魅力になっています。

この遊びをみんなのものに広げていくために考えてきたいくつかの点を、かんたんに記しておきましょう。

①楽しく遊んでいる仲間のようすを見る。無理に誘いこまないで、遊びたくなるのを待つ。

②保母も参加しながら、楽しさの共感をことばで送る。そして、汚れは洗えば落ちるという安心感をわからせる。

③子どもたちの楽しい遊びっぷりを、午睡時につくり話で聞かせたり、絵本からの素話で聞かせる。

④固まった土山をやわらかくしてやる。
⑤遊ぶようすを見ながら、遊びが発展しそうな遊具が自由に取り出せるようにしておく。
⑥遊びのなかに見える子どもの表現を保母はキャッチして、認めたり、広めたりの働きかけに心がける。
⑦遊びやすい服装になるよう心がけ、遊びのあとのからだ洗いをていねいにしてやる。

主なことを記してみましたが、「遊びは楽しい」という思いをもったときには、かならず続いてやりたくなったり、模倣しながら広がっていったりするものです。そして、土にはかならず水が加わって、どろんこ遊びになっていきます。

この土と水が合わさって楽しくなる遊びは、幼いときにかならず体験させておきたいものです。その理由は、つぎのようなことからです。

①土そのものの感触のよさにふれさせたい。
②素材の変化が工夫によっていろいろに楽しめる。
③失敗してもやり直しが何回でもできる、という安心感がある。
④模倣を楽しんだり、仲間と連携していくことが楽しくなる。

⑤以上のことから、遊びが非常に開放的になる。

このような思いや願いをもちましたが、保護者全員の理解がすぐ得られるとは限りません。そこで、子どもによっては抵抗の少ない砂遊びから入ります。いずれにせよ、保護者には、この遊びを楽しんでいる姿や、一度楽しさを覚えるとやめられなくなっている心情を話したり、クラス便りで伝えたりしていきます。

こうしているうち、6月ごろには、みんなパンツ一枚での遊びが楽しくなるのです。

(2) 継続児と新入児が友だちになる瞬間

3歳児組の4月は、二十人中の半数余りが継続児で、あとの子どもは新入児とか転園児なのです。まだこの年令の4月は、いろいろなかたちで不安な姿を見せています。よく泣く子だなあ、といわんばかりに新しい友だちを見ながら通り過ぎる継続児だっていいます。こんな中でも、いつの間にか友だちになっていく瞬間に出合うことがあります。

新入の智弘くんは、登園すると、壁にくっつけて高く積み上げてある箱積み木に上がって、仮面ライダーになったつもりらしく、変身してはカッコよく飛んでいます。

けがをしないか、足を痛めるのではとの保母の気づかいをよそに、くり返し飛び続けていると、そこへ登園してきたばかりの翔太くんが同じことをはじめました。翔太くんの飛び方もカッコいい！　なんだかだんだんと二人の呼吸が合ってきて、飛ぶことがますます楽しそうです。

そのうち翔太くんはこの遊びにあきたらしく、砂場に行ってプリンカップで砂の型ぬき遊びをはじめました。

ライダーごっこで気が合ったのでしょう、まだ声をかけ合ったことのない二人なのに、翔太くんを追っかけるように出ていった智弘くんは、翔太くんの隣に並んで型ぬき遊びをはじめました。翔太くんのようには、なかなかうまくできない智弘くん

砂の型ぬき、うまくできたかな

は、ちらっと見ては何回かやっているうちに、型ぬきの場所とタイミングがピタッリ合ってしまいました。はっと見合わせる二人の目、じーっと見合った目がニンマリとしました。

この瞬間からもう友だちなのです。うれしい智弘くんは、園生活にすっかりなれている翔太くんにくっついて、砂遊びから土遊びへと楽しさを広げていくきっかけができました。

拓也くんの砂遊びのはじまりは、一風変わったものでした。登園するなり、テラスにカバンを放り投げて、まっしぐらに進むところが砂場の遊具置き場です。

大きな器（古鍋）をまず取り出します。その器に、庭に散らばっている砂を両腕を大きく広げておいてはかき集め、いっぱいになるまで入れていきます。うつむきこんだ姿には全身の力がみなぎっています。重くなった器を腹の前でかかえて、流し場に運びます。そして水を入れ、ゴリゴリとかき混ぜては水を流すことが毎日続きます。

その器がなかったりすると、懸命に探し、「ない、ない」とか、「あのがない」と言ってきます。どうやら、この器でなければならない本人の特別の思いがあるようです。「拓也くん、これ、何しゆうの？」と聞くと、「おこめあらいゆが」と答えます。「そうか。お米上手に洗えるのやねえ」とほめてあげます。

ある日、拓也くんから「きて、きてー」と声がかかりました。「おこめあらいゆぜえ」と、見てほしくなったようです。その手つきは、全く3歳児のものとは思えません。

「拓ちゃん、上手やねえ、おうちでもお母さんのお米を洗ってあげやせん？」

「うん、あろうちゃりゆ」

「そうかあ、ほんで拓ちゃんは上手なのかなあ。お手々見せて」

と保母の手にとって見た拓也くんの手は、なんと、子どもの手というより大人の手を想像させるガッチリとしたものでした。新入児なのに、どこでこれだけ遊んできたのだろうかと思うほどでした。

まわりのことにはわれ関せずと、ひたすら一人遊びに没頭する本人の服やズボンは水でビチャビチャ。「お片づけして、ご飯食べようね」と声をかけられていくうちに、「あれ！」とまわりにいる子を意識することがはじまる子もいます。ここに至るまでにずいぶん時間を要しました。一方では、それぞれの遊びを傍観しているだけの子だっています。

こんな状態をくり返しながら、砂、水、土遊びから泥遊びへと自分の遊びを広げていくのです。もちろん、継続児はこの遊びの面白さはわかっているので、どんどん遊んでいきます。

新入児を含めて楽しめるきっかけとなったのは、散歩という共通体験でした。この体験がお団子の散歩という遊びをつくっていくことになったのです。

4月中旬、保育園の周辺の春を見つけてみようと思い、子どもたちに呼びかけました。

「今日は、お散歩に行こう。お花があるかな、チョウチョがおるかな？」

散歩の経験は少なかったようでしたが、「さんぽ」といえば出かけることはわかっていて、とてもうれしい表情を見せています。しかし、出かけるために自分が用意しなければならないこととは、まったくつながらない年令のようです。これを助けて門に集まるまでには、ずいぶんと時間を要しました。

「さあ、今日は新しいお友だちの手をつないでやってね」

進級児の中には、パッと新入児が見つけられる子と、まったく関係ないという顔をしている子がいます。一方、新入児たちも手をつないでくれようとする相手を不思議そうに見つめています。なんだか、すんなりいくようでいかない瞬間がありながら、子どもたちの手は、なかば強制的に保母によってつながされました。「今度、私が手を離していいって言うまで離さんのよ」と、それぞれの子に伝えて出発しました。

道路は車が通るし、子どもたちの手は勝手に離れて、行列なんててんで無理な話。

そこをパートの保母さんの応援をもらって、どうにか安全に出かけることができました。アスファルトの割れめから伸びている黄色いタンポポが、歓迎してくれているかのようです。タンポポがあるたびに、とまってしゃがんで見たり、「♪たんぽぽ、ひらいた」と歌ったりするので、時間がたっぷりかかります。

こうしたことをくり返していくうちに、散歩が大好きになっていきます。

(3) 土団子と散歩のイメージを結びつけて

初夏になってくると、気候的にも土遊びが絶好なものになります。土山に集まる子が多くなり、保母は毎日、土山を柔らかく掘り起こします。進級児の龍くんは土団子づくりが昨年も上手でしたが、さらに上手な団子をつくっています。もう一人の団子づくりの名人の将平くんは、団子をつくっては龍くんと山のてっぺんから転がしたり、横に長く並べたりしだしました。それを見た保母は、「うわー！　お団子のお散歩みたいやねえ」と喜んでしまいました。

近くにいて同じように団子づくりをしていた明くんは、それを見て、「せんせい、ちがうぜえ、おさんぽやったら、おててをつながんといかんぜ」と教えてくれます。

「あっ、そうか。なるほどね」と保母が言っているうちに、明くんはパッと走り出していきました。そして、何枚かのサンゴジュの葉っぱを取ってきて、自分のつくっておいた団子を二列に並べ直し、二つずつの団子の上に葉っぱを一枚一枚渡しかけていきました。明くんの散歩のイメージは、手をつないだものだったのです。

『そうか、これだったのか！』と共感した保母は、「うわー！　本当や。これでお手々をつないで行きゆう散歩になったねえ」と、またまた喜びました。

土団子の散歩だよ

本当に行った散歩は二列に並んで歩いたのではなく、団子状の散歩だったのに、明くんにとっては並ぶということがイメージできていたのかしらと……。

こんな段階をくぐりながら、「並ぶ」ということがわかりだすときを迎えるんだなあって、子どもの気づきに保母の内面が揺すぶられます。

その明くんが、つづいて面白い発見をするのです。お団子一つひとつを指さしては、「これは○○ちゃんで、これは△△くん、これは……」と名前を言っていきます。まわりにいる子と保母は、そのようすをじっと見ながら聞いています。自分の名前が云われると、「わたし、○○ちゃんとてをつないじゅう」と喜び、まだ呼ばれない子は、「ぼくのだんごは？」とか、『ぼくはいるのだろうか？』とか、自分はだれと手をつなぐのだろうかと、期待感をいっぱい見せています。

明くんはときどき、「えーと」とつまったり、まわりにいる子をキョロキョロ見たりしては名づけています。「あれ！　いない人がおるねえ」と保母が言ってみると、明くんはニコニコしながら頭をかしげます。この時期だもの、二十人の顔と名前が結びつくなんて無理なことよ、と思いながら言ってみたのですが、もう一度ぐるりーと見わたして、「あのひと」と指さすこともありました。

「あっそうか、あのひと、かおりちゃんねえ」と言ってやると、にこーっとします。そこへ団子をつくって持ってくる子もいるし、まだいない子の分を保母も手伝ってつくったりして、「これで、ばら組みんなのお散歩やねえ」と言いました。手をつないだお団子の行列はなんとも愛らしく、仲間の存在を自他ともに感じていくものなのだなあと思いました。

（４）楽しい団子転がし

こうして団子づくりが続いていくのです。土にふれたくなかった子も、つくられた団子なら持てるようになるなど、少しずつ土へ近づいていきます。そして、団子づくりは発展していきます。

将平くんの団子転がしが、遊びを広げるきっかけになりました。保母は竹のといとビニールパイプ（直径10センチくらいのもの）を出してみました。竹のといや筒の中を自分でつくった団子を転がしはじめます。コロコロ転がる団子、途中でくっついて動かなくなる団子、割れてしまう団子と、さまざまです。筒の中から出てくると、大喜び。「できた！」「こわれた」「あれー、でてこん」などの声が飛び交っています。

龍くんや将平くんみたいな丈夫な団子をつくりたくても、彼らの技術は昨年からのものですから、なかなかむずかしいのです。保母は、「龍くんや将平くんのところの土をもらってみようか」と言ってはみるものの、そのことよりも、転がる面白さを覚えさせてみようと考えました。そこで、保母のつくった団子をつぎつぎと渡していきました。

そして、この団子転がしとあわせて、毎日、昼寝時に「おむすびころりん」の素話を聞かせてみることにしました。この話を二、三回してみると、「おむすびころりん、スットントン」のところがみんな大好きになってきました。もうすぐその場面にくるなと思うところで、布団からもたげた頭を揺すりながら、いっせいに保母のいるほうに向かって、「スットントン」と唱和してきます。

そして、ビニールパイプの中を土団子を転がすときも、リズムよく「おむすびころりん、スットントン」と唱えだしました。そして、大急ぎで筒先へとかけていき、無事に出てくると満足そうです。そのうち、転がり出るだけでなく、筒先からさらに遠くへ転がったりすると、「ここまでころんだ。ここまでころんだ」と大声で教えながら、満面をほころばしています。

自分の団子はどうだろうとやりはじめ、○○ちゃんのようになりたい、なるかもしれないという憧れと期待がふくらみます。そして、スットントンのリズムと重なり、遊びをさらに続けさせていきます。

（5）土や泥に抵抗感のあった子も加わって

6月中旬に新しい赤土がたくさん搬入されました。新しい土はさらに心地よく、いきなり土の中に飛びこみたくなります。

前日の雨に土はぬかるみ、この日は晴れました。絶好の泥遊び日よりです。パンツ一枚になって飛びこんでいきます。柔らかい土に、足がズブリズブリと入ります。心地よいのでしょう、足を踏み替え、踏み替えしています。やがて、スコップで穴掘りしたり、バケツの水を移しこんだり、その水がしみこんでなくなるのを不思議そうに見たりしながら遊び続けます。

そのうち、へこみはだんだん大きくなり、水がたまっていきます。一つのへこみに二、三人が入り、泥沼をビチャビチャやっています。そして、ふれあう汚れたからだも互いに面白さを誘うのでしょう、汚されても汚されてもニコニコしています。それをまねようとして、あちこちにへこみができました。

土山のもとの姿はすっかり変わり、四方八方へ泥水は長い線をつくり流れていきます。その流れを追って歩いている子もいます。こうした土や水の変化こそ興味を誘い、子どもたちの関心をかりたてていきます。

龍くんは、とうとうそのへこみに仰向けにじっと寝てしまいました。ぬるんだ泥水の感触はいかにも心地よさそうです。ほかの子たちも、ワクワクドキドキしながら龍くんをまねてみては、キャッキャッ、ウフフと笑っています。「おふろみたい、おふろみたい」とつぎつぎと飛びこんでいく子どもたちの表情が、なんと晴れ晴れとしているることでしょう。二人で座りこんでうれしそうにしているのを見て、私も「いい露天風呂だね」と言ってしまいました。おなかや胸にも泥をかけています。ぬるーっとした泥の感触がよっぽど気持ちよかったのでしょう。

日ざしがだんだん暑く厳しくなる下で、遊び方がさらに変わりながら続きます。「ここはだいどころよ」「ここはおべんじょよ」と、それらしい構えをつくっていくのは女の子たちでした。

台所では、おにぎり、ホットケーキ、だいこんおろしができました。「ごはんよー」と呼ぶと、お風呂に入っていた子たちが出てきて、ごちそうを食べ、食べ終わるとまたお風呂に入っていきます。

「うちのコーヒー、おいしいぜ」「うちのはあまいぜ」と言いながら、泥水を入れてつくってくれます。「せんせいもどうぞ」「いただきまーす」と食べはじめると、これ

ぬるんだ泥が気持ちい。

露天風呂だ！　からだも洗おう。

まで風呂に入っていた子たちのごちそうは保母のためにつくるがごとくに並びます。

こうしていても、強い日ざしはからだについた泥を乾かし、からだは自然に水を要求してくるようです。すると徐々に、泥から水遊びへと変わっていきます。

この遊びは、土や泥に抵抗をもっていた子どもたちに、大きな刺激となりました。指先しかつけられなかった子どもが、てのひら全部を汚して遊べるようになったり、はだしになれるようになったりして、楽しい表情が出てきました。失敗するかもしれないといった緊張感のない遊びの魅力はぐんぐん広がりながら、夏本番のプール遊びになるまで続きます。

こうした遊びをくぐり、そのものがもつ特徴をからだで感じ、工夫しながら自分のものにとりこんでいく力をたくわえるのでしょう。年令とともにかかわり方も変わってくるでしょうが、つねに新しい発見・驚きが不思議さを誘い、かかわりを広げていくようです。

4 プール遊び大好き

子どもたちは、水道の蛇口・ホースやバケツの水で水遊びを経験し、水の面白さを知っています。夏が近づくとプールが始まりますが、水遊びに慣れた子どもたちの体はプールに慣れるのも時間はかかりません。プールは大好きな遊びになります。プールの中で、浅い水、深い水、動く水、どれも子どもにとっては不思議な水。子どもの興味を大切にし、それぞれの水を自分の体で感じとります。

継続児は2歳の時、顔をつけられるようになろう、カメ泳ぎ、ワニ泳ぎができるようになろう、などの目標を立て取り組みましたが、クラスの半数は水に浮かぶことができるようになります。しかし、中には水を怖がる子どももいます。

3歳児といっても、1年たてば2歳でできたことも初めからやり直し、新入児は初めての経験です。つぎは、3歳児の資料が少ないので2歳児の「くらすだより」を取り出しましたが、３歳児も基本は同じです。

チューリップだより（№.14・7月17日）

毎日暑いですねえ。最近やっと皆元気をとりもどしたようで、長期に休む子どもさんがいなくなってきました。この頃では、色白だった子どもたちもプール遊びで黒く焼け、以前のひ弱さみたいなものはどんどんなくなっているみたいです。プールの中では、「見てよ、見よってよ」と顔をつけたり、ワニさんばいをしたり、仰向けになり頭の後ろをつけたり……。

「ウヮーすごい、もう一回やって」と喜んでやったり励ましたりすると、「また、見てー、見よってよー」と頑張り、認められようとします。こんな繰り返しの中でだんだん自分の力を試し自信を持ち、さらにお友達や保母のまねっこをする中で、もう一つ伸びようとする子どもたちです。

もうすっかり浮いて泳げだしたK君、お姉ちゃんお兄ちゃんのしていることを、じっくり見ていて、自分もまねてみようとするT子、皆んな楽しみながら頑張っています。

今年の目標・皆、自分で顔が水につけられるようになりたいと思っています。お家でも、お風呂に入った時などに、励ましてやってくださいね。

プール遊びの水は、小さな体の子どもにとっては、不安や恐怖を覚えることもあります。この不安を乗り越えたとき、子どもたちは喜々とした表情に変わり、またやろう、泳げるようになろう、という意欲が出てきます。この意欲がプール遊びだけでなく他の面でも次の成長へとつながっていく、これも狙いの一つとして、無理強いをせずプールを楽しむようにしています。

またプールまでの準備として、水に親しむことを大切にしています。水道から勢いよく飛び出す水、バケツの水遊び、暑い日には水が気持ちいい、濡れると冷たーい！……。3歳児になると、初めためらっていても、友達のやっている遊びには模倣がつきものなので、すぐに水に慣れていきます。

暑い日が続く中、子どもたちはよく空を見上げるようになりました。「空が青色や！」「お日様がおる」「ワーイ、プールができるぜ！」などの大きな歓声。それを確認するかのように廊下へ飛び出し、空を見上げる子どももいます。「よかったわねえ。空が青かったらプールができるのか、T君教えてくれてありがとう。また教えてよ」とか、「明日はどうなるかなあ」などのやり取りがあります。

子どもたちは「今日はちょっと雲がある」「今日は青色や」などと、プール遊びができるかできないかにつながって、空への関心が広がっていきました。
子どもたちがプールで遊ぶ様子を、写真で見てみましょう。

順番待ちする子どもは、ほかの子どもたちがやっていることを目を輝かせて眺め、あんなこともやりたいなーと思っているようです。

「さあ、おにごっこだよ！　どの子をつかまえようかな」……「あれ、もぐった子どもはつかまえられないな」……と追っかけると、鬼が近づくともぐることも覚えます。泳ぎだけでない楽しい遊びもできることが嬉しくなります。

水が怖い子どもには、少し手助けもいります。

水に慣れてくると、挑戦力もぐんぐん活発になり、それぞれ夢中になってきます。

すごーい！　完全に浮いている。わたしもまねっこしてみようかな。

浅い水も面白いな、ワニさんにもなれるよー。

5　おたまじゃくしは不思議だね

（1）おたまじゃくし、発見！

愛善保育園の環境は畑や川に囲まれて自然に恵まれています。よい環境があることはとても大切なことですが、人はその環境にはたらきかけてこそ、そのよさを知るのだと思います。

子どもたちにとっても大人にとっても、まずおいしい空気をたっぷり吸い、お日さまにあたり、自然の中をかけまわることが大切だと思います。そんな幸せが、この地域にはたくさんありそうです。

そのためにも、散歩を大切にした保育を考えていこうと思いました。散歩コースは大まかにわけてつぎのように考えました。

①田畑巡り……田畑で育っているものを見たり、自分の食べているものに気づく。
②山登り……いろいろなものを見つけたり、拾ったり、それを使って遊んだり、ときには山の中で昔話を聞く。
③草むら遊び・住宅街巡り……草に親しむ遊びや、生き物を見つけ、虫とりをしたり、弁当を食べたりする。

外遊びは、歩くということが基本の動きになってきます。この歩くことで子どもたちの姿勢はよくなり、体力をつけ、機敏さが育っていくのです。こんな利点に加えて、感じる力も豊かに太らせてくれるのだと思います。

ここでは、田畑巡りをとおして、おたまじゃくしとの出合いにはじまる実践を取り上げます。おたまじゃくしに向き合ってきた約五か月間のさまざまな体験をとおして、子どもたちが小さな生き物と親しくなっていく過程を紹介してみようと思います。

結果的に言うと、おたまじゃくしの発見↓飼育↓カエルへの変身↓田んぼにおたまじゃくしがいなくなっていることの不思議さに迷う姿です。この過程で、保母は3歳児のものの見方に動かされ、新たに3歳児の世界を発見するものでした。

6月のはじめ、園の近辺を3歳児の2クラスで散歩しました。農家や新興住宅の建ち並ぶ一角に、イネが植えられた田んぼが残されていました。イネは緑もさわやかに葉先をそろえて、沼田にしっかり根をおろし、分けつがはじまっていました。

この株間にひとりでに保母の目は走ります。「もうかならずいるはずだ。大好きな絵本『おたまじゃくしの101ちゃん』の本物になんとか出合わせたい」の思いで探していました。「あっ！　おるおる。何か動いた」と、ひそかに声を出しました。「なにがおる？」と、子どもたちも保母の探している方向をじっと見ています。

「ほんとうや！　なにかおる」「なにがおる？」

と、さらに多くの子たちが集中してきます。

「あれは、おたまじゃくしやねえ」と保母が言うと、途端に、「おたまじゃくしがおる」と言ってしまう子がいます。「えっ！　おたまじゃくしやと」と懸命に見つけようと目をこらしだします。

「あっ、うごいた！　おたまや！」

と、とりたいようすを見せます。入れものを何ひとつ持ってきていないので、「今度とりに来ようね」と言って、この日は居場所を見つけただけで帰ることにしました。

つぎの週の火曜日は、二人組で一つのバケツを持って、「きょうは、おたまじゃくしをとるんだ」の思いをみなぎらせて出かけました。

おたまじゃくしはイネの株間にそっとしているかと思うと、チョロチョロッとしっぽを振って泳ぎ、その姿に、だれもがなんともいえない愛着を覚えるようです。「あっちへいった。こっちへきた」と言う子もいますが、泥田の色とあまりにも似かよっているので、なかなか見つけることができません。

畦道に立って見ている子どもたちを、この泥田に入れてやりたくて、保母はむずむずしてきます。しかし、イネをいためてはと決心がつきません。

「よし！　私がおたまじゃくしをとるき、見よってよ。ようとるかなあ」と言ってズボンの裾をまくり上げ、袖まくりをして田に入りました。ひと足田んぼに足を踏み入れると、昔、田植えをしていたときの感触がそのままよみがえってきます。両てのひらではさむように、そうっとすくいとるやり方をみんなが見られるように、子どもたちと向き合いになってすくい上げます。保母の手もとを見ているうちに、チョロチョロと動くのを見つけるのが上手になってきました。

「あっ、こっちへいった」「ここにもおるぜ」「こっちこっち」とか、少し離れたところから、「こっちにもおるき、きてー」と、子どもたちは自分の目に見えたところから教えようとして、懸命に保母を呼びます。

保母は「ほら、とったよ」といっては、手の中のおたまじゃくしを見せながら、それぞれのバケツへ入れてやります。入れてもらうと、私が持つ、ぼくが持つと、バケツの奪い合いがはじまります。入れてもらったものを、泥水の中でじっと探すように見ている子もいます。そのうち、「せんせい、がんばれ」と声援が飛んでくることもあります。こうして24匹ぐらいはとったでしょうか。泥水といっしょに園に持って帰り、発泡スチロールの箱で飼育をはじめました。

水が澄んでくると、泥を少しかきみだしながら、上澄みのところをチョロチョロと泳いではとまるおたまじゃくしが見えます。

「またうごいたぜ」「このがもうごいた」「あっ、とまったねえ」「これ、ぼくのがぜ」と言い合いながら見ています。

春、4月から『おたまじゃくしの１０１ちゃん』の絵本を何回となく読み聞かせていたので、大好きな絵本になっています。でも、飼育をはじめたおたまじゃくしとは、まだつながっていないようでした。とにかく、もっとおたまじゃくしに近づいてほしいと思いました。

(2) おたまじゃくしがすくえたよ

子どもたち自身に、自分でおたまじゃくしをすくい上げさせたい、すくったときのあのてのひらの感触に気づかせてみたい、と考えました。イネをいためずに自分の手でとりやすいところはないかと場所探しをしたり、ほし組担任の南さんに聞いたりしました。

すると、宮の谷という山あいにある田んぼに行くと、道からそのままとれるということを教えられ、さっそく二組で出かけることにしました。この田は教えてもらったように、子どもたちが道に立ったままとるのに、ちょうどよい高さのところでした。そこには、大小さまざまなおたまじゃくしがたくさんいました。「いっぱいいおるぜ、いっぱいいおるぜ」と、声高らかに喜びます。このときにはそのものを見て、すぐおたまじゃくしであることがわかるようになっていました。

「ここは自分でとれるよ。ほら、こうしてやってごらん」と保母がとり方を見せても、自分でやるのはなかなかむずかしいようです。指先から両手のひらに向けて追いこみながらとるコツを何回も見せました。網を持ってきているのを知っていた子どもたちは、すぐに「あみ、かしてー」になります。

そのうち、「とれたー！」と言う小百合ちゃんの声に、どれどれと、集まってくる子どもたちや保母です。

「ほんとうや！」「すごい、じょうずやねえ」と、みんなに認められてうれしい小百合ちゃんは、「またとろう」とがんばります。そのうちすくっては、「またとった」と声を張り上げる回数も多くなります。網の奪い合いをしていた子たちも、この声が聞こえてか、手でとってみようとしはじめます。「とれんも、とれんも」と言っている一方で、小百合ちゃんの「またとったー！」の声はうれしさとともに、どんどん自信いっぱいの表情に変わっていきます。

「小百合ちゃんは、どうやってとりゆうろうねえ。こうやりやせんろうか」と、保母は一人ひとりの両手を持って、泥水が澄むのを持ってすくうコツを教えていきました。少し離れたところで、「あーあっ！　とれた、とれた」と、喜々とした声を張り上げたのは信くんです。「上手になったねえ」と言っていると、「ぼくもとれた！」と、さっきまで網の奪い合いをしていた智人くんも声を上げます。

そして、「せんせー、おたまじゃくし、コチョコチョしたぜ」と言い、「こーんなにしたぜ」と、自分の手を振って動いたようすを伝えてくれます。この日、とれるようになったのは四人ぐらいでした。

保母は、みんながもっとおたまじゃくしをすくえるようになれたらいいなと思いました。そこで、飼育していた金魚で、すくう練習をしてみようと考えました。なぜ金魚を選んだのかは単純です。おたまじゃくしより大きくて見つけやすいことと、飼育箱という狭い中だから、こわがらないかぎり上手にすくえるだろうと予測したからです。ただ一つ心配したのは、金魚にばい菌がついては、ということでしたが、結果的には大丈夫でした。

この練習を三回ほどしました。匠くんと菜摘ちゃんへの応援は必要としたものの、ほかの子たちはとても上手に金魚がすくえるようになりました。

おたまじゃくしとりは、このあと三回、宮の谷へ出かけました。金魚すくいが功を奏してか、なんと自分ですくえる子がほとんどになりました。「またとったよ！」の声が山あいに響きます。

こうして、絵本『おたまじゃくしの101ちゃん』に負けない数のおたまじゃくしが、飼育箱で泳ぐようになりました。

飼育箱はつねに見やすいところに置くことと、できるだけ自然な状態で飼ってみようと考えました。そこで、泥や水草を入れ、散歩にいくたびに新しいのをとって帰り、入れ換えました。この泥の中には、きっと餌になるものがあるだろうと思ったからです。さらにラッキーなことは、泥の中にヤゴが入っていたことです。おたまじゃくしといっしょに、トンボになるのを見届けられる好機ともなりました。

おたまじゃくしの餌は泥だけではたりなかったのでしょう。そのうち、共食いをしはじめました。「おたまにごはんをやらんといかん」と、自分の弁当のご飯をわけてやる子も出てきました。「あっ！　ごはんをたべた。こうやってたべゆう」と、自分の口を突き出してまねています。

こんなようすが見えだすと、「わたしのごはんもやる」「ぼくも」と、多くの子どもたちがご飯をやりだしたので、しだいに水が腐ってきて悪臭が立ちこめてきます。子どもたちのやりたい気持ちにストップはききません。順番もなかなか守れず、そのうえ少しの量という感覚がそれぞれによってちがいます。むずかしいものでした。

そこで、「お水がくさくなるから、金魚の餌を食べてもらってみようね」と、ようすを見ながら餌を変えてみると、悪臭はなくなりました。

これまで、悪臭のたびに水替えをしてきましたが、そのとき、おたまじゃくしをすくい出してきたためか、子どもたちの手が器用にはたらくようになりました。そして、てのひらの上でコチョコチョと動く感触に親しみを覚えたようです。

（3）カエルの生と死を見つめて

和也くんの日課は、登園するなり飼育箱をのぞくことではじまっていきました。6月中旬、飼育箱をのぞいて、何かポッンと言いました。静かな和也くんの声は、ときどき聞き取りにくいことがあります。「ええっ？」と聞き返すと、「カエルみたいになっちゅう。ほら！」と言います。よく見ると、飼育箱の壁にくっついているのは、しっぽを残したカエルになりかけのものでした。「本当やねえ、和也くんの目、いいなあ。そろそろ水の上で休む石を入れてやろうか」と話しながら、おたまじゃくしの変化に備えて、陸づくりをしました。

そして、「今日はおたまが、どんなになっちゅうかな？」と出勤するとかならず声をかけて、飼育箱をのぞくことを続けてみました。そのためか、保母の動きについて、見る子が増えていきます。和也君は一人で見ることが多く、しかも一日に何回も見ながら、「あっ、とんだ。みずにもぐった！」と驚きをことばにしてくれるので、ほかの子たちもそれに刺激されて見ようと寄っていきます。

小さな生き物が大好きな子どもたちですが、その中の一人であるくるみちゃんは、こわがりも悪びれもせず、見つけたらすぐぎゅっと捕まえてしまうのです。危険ではないので禁止はしませんでしたが、捕まえた手を開けさせてみると、おたまじゃくしはつぶされてかならず死んでいました。「すぐ放してやってよ」と言っても、なかなか理解できませんでした。

カエルへ変身していくようすは、彼女の捕まえたい気分にさらに拍車をかけたようです。「握りつぶしたらだめよ」「死んじゃうから、こうして持ってあげて」と、何回言っても保母の声は届きません。とうとう、「くるみちゃんの手、開けてやって」と、無理に開けさせてみるときもありました。それほど時間がたってはいなくても、握られる力に小さなカエルは命を落としていきます。

そのカエルを見ながら、「かわいそう。死んだねえ、痛かったろうねえ」と保母に言われたり、まわりの子たちから、「またつぶしちゅう。しんじゅう」と言われることもたびたびでした。くるみちゃんにとっては、カエルをつかむことだけに心がいっているのでしょうか。

くるみちゃんと同じことをしてみようとする子は、ほかにはいません。「なんでこれほどしつこくくり返すのかしら？　もしかして彼女は、カエル特有の粘着性の感触を楽しんでいるのでは？」とも想像するのでした。ほかの子たちが、「くるみちゃん、またおててにいれてにぎっちゅう」と告げにくることもたびたびでした。しばらくしてやっと、てのひらに少し空間を残して持てるようになり、ほっとしたものでした。

おたまじゃくしはあれだけすくえるようになっていた子どもたちでしたが、カエルに変身したら、また捕まえられない生き物になってしまいました。指一本でさわってみようと手を出したり、引っこめたり、そうしているうちに、ひょいと手にとびつくカエルを大あわてではらいのけたりしています。

また、手のひらにのせてもらうまではよかったものの、ねばねばする感触が気持ち悪く、いきなりギャーッと言って手を振り払いのけるようにして落とされるカエルもいます。このときの驚きの声に走り寄ってくる子に、踏みつけられて死んでいくカエルもいます。

こんなことが何日か続きました。つぎつぎと死んでいくカエルを見ていると、なんともやりきれない気持ちになりますが、カエルを知っていくためにはしかたないことかなとも思いました。ここらでカエルをつかむことにストップをかけようか、どうしようかと迷いもしました。カエルにとっては残酷だけれど、この経験をくぐって生き物であることを知ったり、生とか死に気づいたり、考えたりしていくことでしょう。

そうした意味で、くるみちゃんの行為も大きな目で見ていきたいと思いました。

そしてカエルと親しめるよう、つぎのことに配慮してみました。

①カエルはこわいものではない。

②保母の捕まえ方に気づかせる。

③子どもの手に渡してやりながら、がまんをすることを励ます。

④がまんができたり、保母の捕まえ方のまねができたりすると、大きく喜んでやる。

⑤十分カエルを見たら、花壇の植えこみの中にいれてやる。

⑥植えこみの中にいるカエルのようすを毎日見ていく。

⑦多くの子たちがふれられるよう、その機会を大切につくる。

⑧カエルをさわったあとは、石けんで手

この花壇の中はカエル村だよ

をよく洗う。

こうして、ほとんどの子はカエルを持つことができるようになり、百匹近いカエルは、つぎつぎと寒菊やヒマワリの葉の間に放されていきました。そして、ときどき葉っぱの間をわけてのぞいています。そのたびに、子どもたちは、「カエルがおった」「げんきやった」と、カエルの村のようにたくさんいるのを見て喜びます。そのうち、いつの間にか花壇から姿が見えなくなっていきます。

9月中旬、最後のおたまじゃくしがカエルになり、放されました。このときは、カエルの村はさびしい村になっていました。

(4) 十人十色の発見や驚きのなかで

その後、10月中旬、栗拾いに行く途中のことです。おたまじゃくしをとった宮の谷のあの田んぼ道を通っているとき、陵くんがいきなり叫びました。

「おたまじゃくしがおらんなっちゅう」と。見ると、田んぼのイネはとっくに刈り取られ、土は掘り起こされて白く乾いていました。水などどこにもありません。

「えっ……、本当やねえ、どこにもおたまじゃくしがおらんねえ。どうしてやろうねえ」

この発見には、保母が本当に驚かされました。ほかの子たちも、しばらく乾いた田を見ています。

するとふたたび、陵くんが「つちのなかにおるがよ」といいます。「つちがかたまっちゅうなかにおる」といってのけます。信くんや小百合ちゃんは、「もうカエルになって、とんでいったがよ」といいます。ほかの子はますます不思議そうに考えています。

「そうか、土の中におるかもねえ！　なるほどね」と保母は陵くんの気づきに動かされます。「そうや！　陵くんが教えてくれたみたいに、土の中におるかもしれん。ちょっとお水で土を溶いてみようね」とビニール袋に土をつめ、そばを流れる谷川の水を入れました。子どもたちの目が集中しています。

「おらんみたいな」「にごっちゅうき、みえん」

「そうか、そしたら、このままそうっと置いちょいて、栗を取って帰りに見てみようか」

ということになり、ビニール袋に入れた泥を田んぼの隅へ置いて山に入りました。

山から下りながら、「おたまじゃくしは、どうやろうね」と、ドキドキワクワクしてきます。田んぼのところに戻りつきました。泥入りビニール袋をみんなが見えるように高く持ち上げ、すかすようにして見ました。

「おらんみたいな」

「そうか、よく見てよ」

「やっぱりおらんぜ」「けんど、したのつちのところにおるかもしれん」

「そうか、下のところは黒いもねえ。これはやっぱり、保育園まで持って帰ってみようか」

と、持って帰ることになりました。

「カエルになってとんでいったがよ」と言っていた信くんや小百合ちゃんも、そうは言ったものの、どうだろう？　の思いがあったのでしょうか、発泡スチロール箱に入れた泥をじっと見ています。入れたばかりは濁っていて見えません。

食事が早く終わった和也くんは箱をのぞいて、「おたまはおらんぜ」と静かに言います。「どうしてやろうねえ」「カエルになった」「陵くん、どう？」「おらん」「そうか、やっぱりおらんかねえ。うーん」と保母。

その後、また散歩に出かけた場所は、最初、保母だけがおたまじゃくしをとった畦道でした。ここでも田は白く乾いていました。陵くんやほかの子も、またまた言います。

「おたまがおらん」「どうしてやろう？」

何人かが、「やっぱり、つちのなかにおる」と言うのです。同じ実験をくり返すことで、陵くんやほかの子たちは、白く乾いた田んぼには、おたまじゃくしはいないということがわかりはじめているように思いました。

こうした体験をくり返しながら、３歳児の認識の過程が非常に個別的であると思いました。それは個々の、これまでの体験のちがいによって見方もずいぶん変わるものだということです。考えたり推測したりする基礎は、個々の体験の積み重ねによってできあがっていくのではないでしょうか。そうした意味で、体験というのは時間がかかってもていねいにかかわることが大切で、それがつぎの体験の中で生きてくることを陵くんの発見から学びました。

十人十色の驚きや発見のしかたがあり、十人十色の不思議さが刻み込まれるのでしょう。一人ひとりの感じ方、ものの見方に保母がどれだけ気づき、応じていけるかが、つねに子どもたちから試されているように思えてなりません。

おたまじゃくしがいなくなった不思議さや、カエルへの変化、その過程におけるさまざまなことなど、一度にすべてを知ることはできません。また、その必要もないと思います。季節の巡りをくぐりながら、再体験・追体験をくり返すとき、自然の不思議さが理解できたり、深まったり、新しい発見があったりします。自然にかかわる意欲や見通しが伴いながら、子どもも大人も、みずからが答えを探すことになるでしょう。

そういう意味でも、自然にかかわる面白さは限りなくあり、そして人の存在はつねに新鮮な思いをつなげてくれるように思えてならないのです。

6　病院ごっこを遊ぶ

（1）Sの「おお、頭が痛い」が始まり

9月中旬、箱積み木などを使い室内で遊んでいたときのこと、Sが「おお、頭が痛い」と言いました。大丈夫かなと目をやる私をしり目に、Rがすぐに対応して、「ピーポー、ピーポー、ピーポー」と、積み木の救急車で部屋や廊下に飛び出して走りまわりだします。この格好よさに、それ！っとばかりに続く仲間たちの救急車。何とタイミングの良いことかと見ていると、その数はどんどん増えていきました。

部屋や廊下をぐるぐる走り回る救急車の洪水、警笛の氾濫、子ども同士がぶつかり怪我しないかとはらはらしながら見ていると、頭が痛いはずのSまで、それに加わって走り回る始末です。

ひとあたり走り回ったあと、RとSの救急車がやっと部屋に帰ってきて停まりました。

「Sちゃん病院へ着いたぜ、ここへ寝えや」と、Rはベットに見立てた平たい大きな積み木に寝ることを勧めるのでした。これに応じて寝ころんだSの横にRが座り、「あーんして」と口の中を診察すると、おもむろに、「風邪をひいていますねえ」と、いかにもお医者さんになりきった口調で重々しく言います。広告紙を小さく棒巻きにしたものを体温計に見立てて、Sの腋下にHが挟むなど、初めての遊びなのに連携も堂にいっています。

少し離れたところで見ていたGSが、「Sちゃん、ジュースよ、これ飲みやー、元気になるぜ」と運んでくるなど、自分の体験をもとに新しい遊びに加わってきます。やがて後続の救急車も続々と帰ってきて、目の前の状況、病院の場面を不思議そうに見ています。

『これは面白い遊びになりそうだ』と、私もワクワクしながらも、この遊びから子どもたちの成長に連なる何かを引き出したいなと、考えたりしていました。

病気や通院という体験はどの子にもあることで、実際の生活体験を遊びにする、それは誰かの真似ではなく、自分自身が、体験をもとに主体的に作り上げていくことができる遊びとなります。当然のことですが、子ども同士似たような経験があり、共通の理解が生まれ、遊びのイメージが無理なくつながり合い、面白さが倍増していきます。

子ども一人ひとりの体験に添った模倣遊びを大切に、感性や表現力を耕そうと思いました。

(2) 翌日、SがRを誘う

昨日の遊びがよほど面白かったのでしょう、Sは登園するなり「R君、病院ごっこしよう」と誘います。Rは「うん」と答え、さっそく積み木板をベットに敷き、その上に寝転がりました。

と、Sは「お熱を計るよ」と、昨日の紙巻き棒の体温計と同じ大きさの紙棒を、自分がしてもらったようにRの脇の下に挟みました。しかも今度は、「注射するよお」と、同じく紙棒で作った注射器をRの腕に射すなど、甲斐甲斐しい看護婦さん振り。普段この二人は、不安定行動が多い子どもたちですが、そんなそぶりはなく和気あいあいとやっていいます。

Rの「痛い」には、「我慢して、我慢して」とやさしくなだめます。日常のSには決して見られない姿に、Sも病気のときには、こうした優しさをもらうもんだなと、微笑ましくも安心もしたりしました。

医師や看護婦と病人のやり取りは、役割が変われば違い、また、日によって変化します。そのようすが面白いのがこの遊びの特徴であり、『今日はどんなやり取りがあるかな?』の期待が続く日々、しばらく見守ってみようと思いました。

登園すると誰かが「病院ごっこ(お医者さんごっこ)しよう」と誘い、病人が積み木板のベットに寝ます。そして、次々登園してくる子どもたちは病人を取り囲みます。

あるときTが、自分の手拭きのタオルを濡

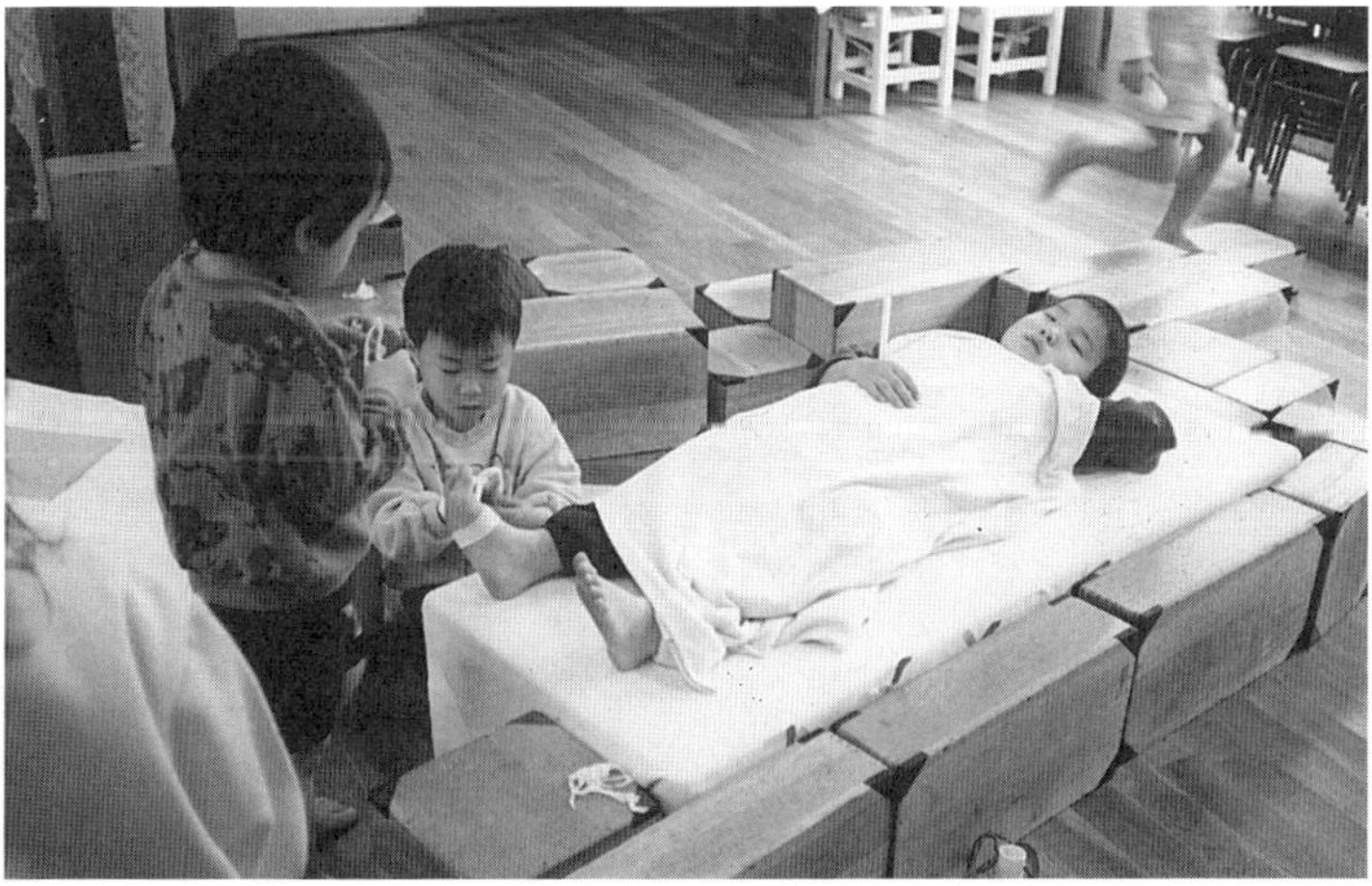

初期のベッドはこれほど立派ではありません。

らしてRの額に当ててやりました。自分の経験を思い出したのでしょう。これに触発されて、Rの額には、仲間の濡れタオルがうず高くなりました。しかし、水が……水が！誰もそれに気づく気配はありません。そこで私はぐっと息をのみ込み、「みんなねぇ。熱があると額を冷やしてあげたいよねぇ。すごいことができるねぇ」と言うと、「うん、僕もお母さんがしてくれたよ」「私も……」と続きました。「そうか、お母さんは優しいねぇ。でもそのとき、お顔に水が流れていたかなあ？」「……」。

「見てみて、R君のタオルからはお水が流れゆうよ、気持ちがいいかなあー」と言うと、「本当や本当や」と子どもたちはうなずきます。

「もっとタオルの水を絞ってあげると、気持ちいいと思うよ」。私は絞り方を見せたり、子どもの手に私の手を添えて絞る要領を教えたり。しかし3歳児には、すぐにはできないことですが、一人ひとりを手伝ってみました。

「あっ！　水が流れんなった」と子どもたち。「R君、気持ちよくなったかな」に、Rもうなずきました。

（3）期待を持たせて一時中断

患者になりたい子どもがどんどん増えてくると、ベッドの交代も忙しくなり、医者と患者のやり取りも堂にいってきます。この遊びをもっと十分にさせてあげたいのですが、そうも言っていられないことがあります。運動会が近づいてきたのです。病院ごっこと運動会、二つのことを同時にするのは、まだこの年齢では無理なのです。園の年間行事の中で、運動会は大切なものの一つで、これを優先せざるを得ません。

そこで、このように子どもたちに投げかけました。

「みんなあねえ、今やっている病院ごっこやお医者さんごっこは、とっても面白そうね、どう?」「うん、面白い」。「そうか、私も面白いからもっともっと遊びたいけど、もうあんまりできんがよ」。

「なんで?」、「遊びたぁーい!」と大声が返ってきました。「私も遊びたいけど、なぜかというと、運動会がもうすぐやし、いっぱい練習してお母さんやお父さんに見てもらいたいろー。お医者さんごっこばっかりしよったら、運動会の練習ができんなるのよ……そこで相談やけんど、病院ごっこは運動会が終わってからにはできないかなー」「うん、かまん（いいよの意）」「うん、運動会が終わったらにしよう」と、いっぺんに賛同が返ってきました。

「そう、よかった。そのときにはいろいろな道具をいっぱい作っておくきね」と期待を持たせた約束をしました。

（４）本格的ベッド作りからの再開

存分に楽しんだ運動会も終わり、その余韻の中で病院ごっこは再び始まりました。私は約束の品々を積み木の上に並べて、朝を迎えました。小道具は、体温計、聴診器、注射器、額帯鏡、ナースキャップ、薬の容器や薬袋、小さなタオルなどを、それぞれ3～6個ずつ用意しました。

登園してきた子どもたちは、この小道具を手に取ったり元に戻したり、『どれで遊ぼうか』と思案しているようでした。みんなが一通り見たところで、「さて、これで足りないものはないかなぁ」と聞くと、「エーと、ベットがないぜー」とY。「あっ、そうやった！　大事なものを忘れちょった」。

「困ったなあ……どうしよう……みんな急いで作ってもらえんかなあ、助けて

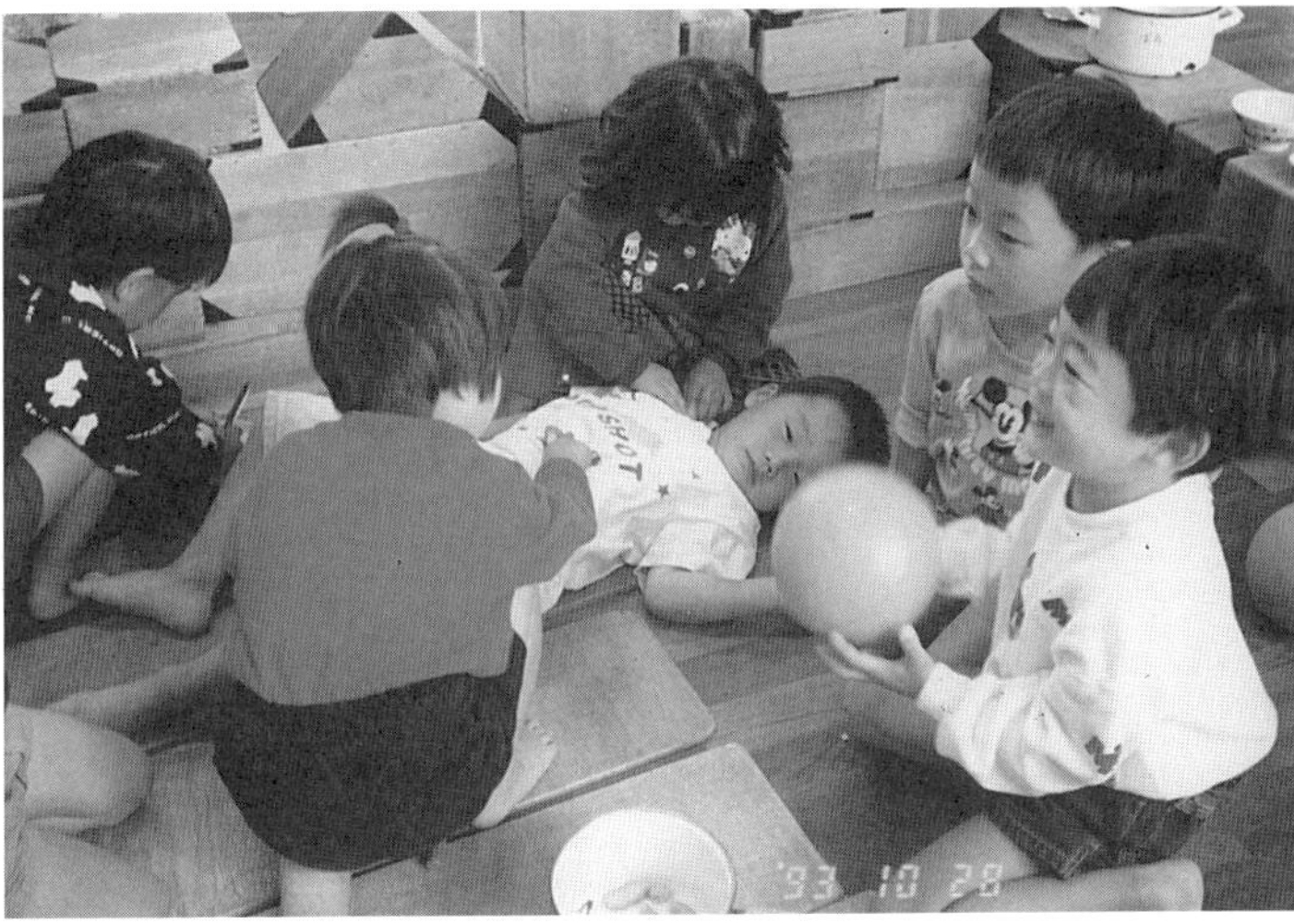

家族に囲まれた安心顔の患者

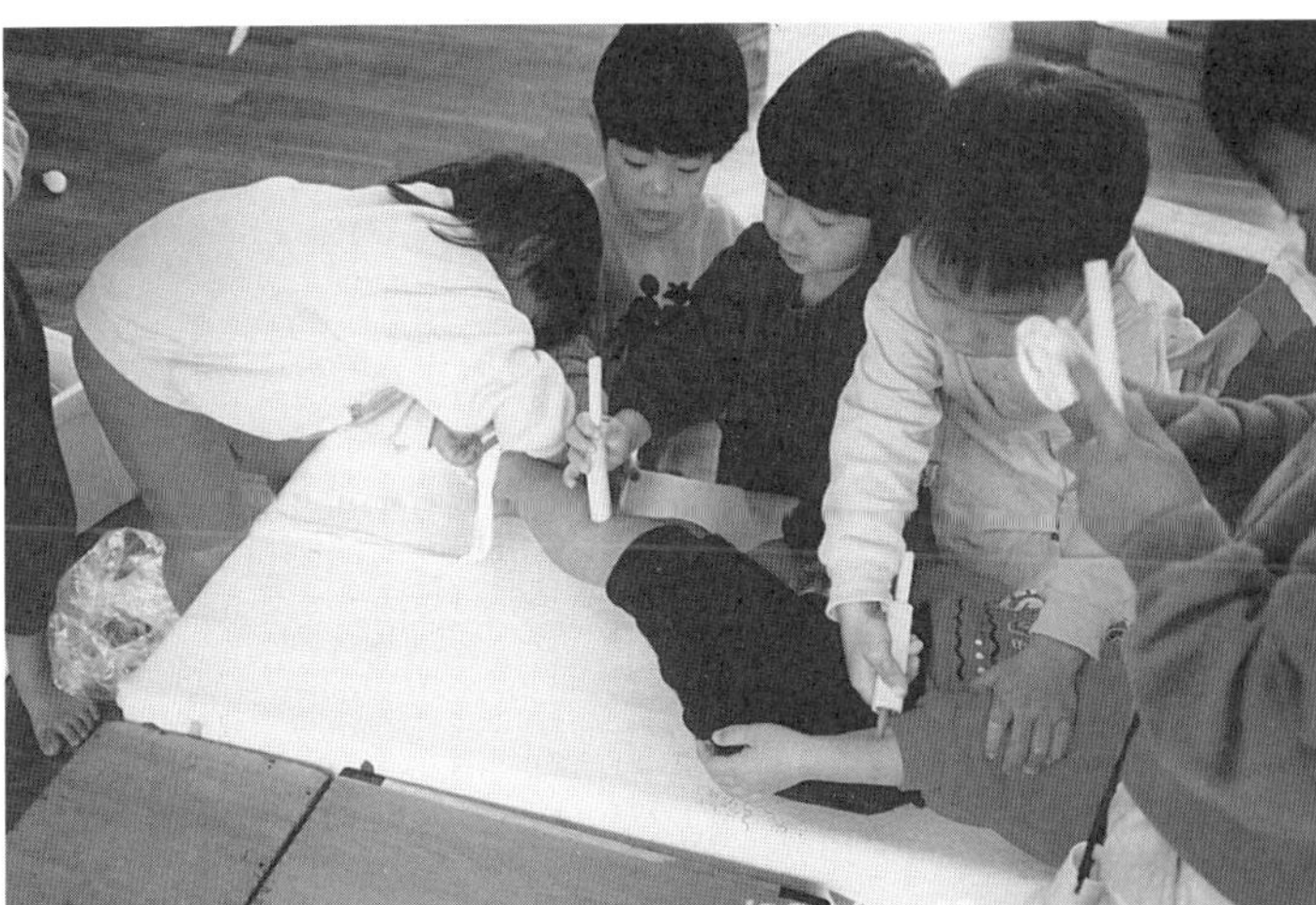

子どもにとって注射は大の関心ごと、それぞれの方法で注射を楽しむ

よー」。「うん、助けちゃお」「ぼくも」、「私も」と続きます……。

「ああよかった。みんなよく気がつくねえ、私を助けてね、ありがとう」

実は、ベット作りは子どもたちの再出発が弾むように残してあったのです。用意しておいた材料（発泡スチロールのリンゴ箱、牛乳パックに新聞紙を詰めたものなど）を見せて、さっそく作業にかかります。材料は２組のベットを作る量を用意していました。

作業には力と根気を要しましたが、白い袋式カバーをかけ、その上に花模様をリボンテープであしらうと、大人でものれる大きさの２台のベットができ上がりました。

「わあいー！　かわいいベットやー」と大歓声！　てんでに寝転がるにぎやかさは、まるで病院ごっこの前祝いのようでした。

(5) 自分のやりたい役を具体化する小道具

翌朝、まず小道具選び、そしてベットに寝転がり、嬉しそうに診察を待つ子ら。少し離れたところでは、「ここは待つところぜー」と、せっせと椅子を並べているSなど、みんなやる気満々、期待あふれる病院ごっこの再出発となりました。

ベットにはMが寝ています。豆医者と看護婦たちは、体温計、注射器、聴診器を首にかけたり手に持ったりして患者を取り囲みます。そこに聴診器を首にかけたR医師が、ベットわきの椅子に腰をおろし、「どこが痛いですか」と、おもむろに問診を始めました。「おなかが痛い」と答えるMの表情も弱々しく、病人になりきっています。Rはおなかに聴診器をあてたり、「ちょっとあーんして」と言って口の中を診たりしてから、「喉が赤いですよ、熱がありますねえ」など、貫録十分なお医者さん振りです。周りを取り囲むのはインターンたちか、主治医Rが診た後、Mに聴診器をあてたり注射をしたり、それぞれの方法で診察をしています。Rの「お大事に」、Mの「ありがとう」で、診察が終わります。

そして、ベットは次の患者に替わるという日々が続いていきます。それぞれの役割上の言い回しも、自分の体験や仲間の言葉を見習ったりで、いろいろな言葉が交わされ、それが浸透していき、遊びに現実味が加わり、面白さがさらに深まっていくようでした。

そうした場面や姿をいくつか挙げてみましょう。

Rの診察には、「大きくお口をあけてー」と言い、開いた口の中をよく見た後、不思議そうな仕種をする場面が必ずあります。そして「虫歯がありますねえ、痛いですか」と問う。「うん、痛い」には、静かにうなずきます。また、「おなかが痛い」と訴える患者には、「こっちを向いてください、あっちを向いてください」と促し、やっと体が動かせられる仕種の患者を優しく受け止め、丁寧に聴診器をあてます。そして「うんちはどんな色ですか」と問うことも忘れません。「赤と黄色とピンクです」と答えるMと自然なやり取りが続きます。Mの子どもらしい観察眼や表現力に驚きながらも、その表現に新鮮な興味を覚えずにはいられませんでした。

「お腹にぶつぶつがありますよ、注射しましょう」は、T医師の十八番。

ある日、「ごめんください、頭が痛いのです。診てください」と、大人(園長)の患者が来院しました。すっかり手慣れたR医師は堂々と、「ここに寝てください」とベッドを指し、横たわった大きな体の診察にかかります。小さなお医者さん、看護婦さんたちは、その周りに集まって、興味深げに成り行きを見守ります。診察を終えたR医師は「お腹に赤ちゃんがいますよ。おだいじに」と丁寧に診立を告げました。

「わー、赤ちゃんがいますか、うれしいなあ。元気な赤ちゃんを産みます、ありがとうございました」と帰ろうとすると、「また来てください」と送り出すことも忘れませんでした。

このように、日頃見聞きしている生活の場面場面に応じた対応や言葉のやり取りを、遊びの中で確かめることで、３歳児は言葉を豊かにするのでしょう。自覚はしていなくても、判りやすい、面白い表現が仲間の注目や共感を集め、そして遊びがさらに面白くなることを知っていく子どもたち。この循環を大切にしたいと思います。

今この遊びで、Ｒの〃育ち力が輝いている〃。そこには、日ごろよく見られた不安定行動は全くありません。面白い遊びに夢中になり、自信が存分に発揮され、経験した事柄が豊かな言葉として口から出てきます。Ｒの家庭は三世帯同居家族、その環境が言葉の発達を促し、逞しさに連なっているのでしょう。その言葉を使って遊びの主役になったことが、情緒の安定をもたらした最大の原因でしょう。

診察が終わると部屋は一変し、ベットの周りは病院から家庭の雰囲気に変わります。「シチュウを食べや」「ジュースを飲みや」「ボールで遊んじゃお」「絵本を見せちゃお」などと、病人への優しい気配がみなぎります。母親や兄弟・姉妹役が現れるのです。また、病人は甘えた口調になるなど、病気のときの家庭のようすが垣間見えるのもほほえましいものです。

（6）さらなる発展――病院に名前がつく

子どもの経験や観察が、遊びをさらに発展させます。

ある日突然、Aが、「先生！　病院には名前がいるぜえ」と言います。

「そうか！　すごいこと知っちゅうねえ、そのことをみんなに話してみたら」と勧めましたが、Aは応じるようすがありません。やむなく「一緒に言おうね」と誘ったのですが……。そこで私が、「A君は病院に名前をつけたら？と言いゆうよ」とみんなに知らせました。これが受け入れられ、どんな名前にしようかと話し合いが始まります。

子どもたちからは、自分の行きつけの病院の名が次々と出てきました。そうした中で、Aははにかみながら、「宝永町病院にしたら」と自分の案を発言しました。自分たちが通っている園の町名が「宝永町」、みんな知っている名前なのでAの案にまとまりました。

Aは早速「積み木に病院の名前を貼るき、字を書いて」と、これまでのやり取りのお医者さんごっこでは見せなかった積極性がでてきました。そして病院名の紙を積み木に貼ると、次は「病院を作ろう」と仲間に呼びかけました。

これに応じたST、SHと三人で、積み木の病院作りが黙々と進みます。その一方で、これまでの診察も続いていました。SAはこの病院作りに刺激されたのかのように、「私、(この病院の)看護く(婦)さん」と名乗り、その一角に「ここ、待つ所ぜえ」と椅子を並べました。

「待つところもあってもいいねえ」と、ちょいと腰を下ろした私の隣には、診察待ちの患者が次々と並ぶのでした。するとSAがあわてて、「先生こんな紙(カルテらしい)が要るぜー」と言いながら、『カルテ棚』から用紙を取り出し、待合室に向かい、診察室に関係なく張り切って患者の名前を呼ぶのでした。

方や三人組の医院作りもはかどり、カウンターらしきものができ上がりました。水薬、紙を小さく切った粉薬などがそこに並び、「お薬はここですよ」と、Aは大きな声で呼びかけます。それからは、診察が終わった子どもたちはこのカウンターに必ずやってくるようになりました。病院ごっこで薬局のはたらきが認められたことであり、登園とともに、診察室と並行して投薬口と待合室が繁盛して、「お薬はここですよー」との呼びかけが日課になっていくのでした。

「お薬をちょうだい」。次々とやってくる患者に、「はい、百円です」「おだいじに」と、

この薬は、ごはんの後でのんでください。

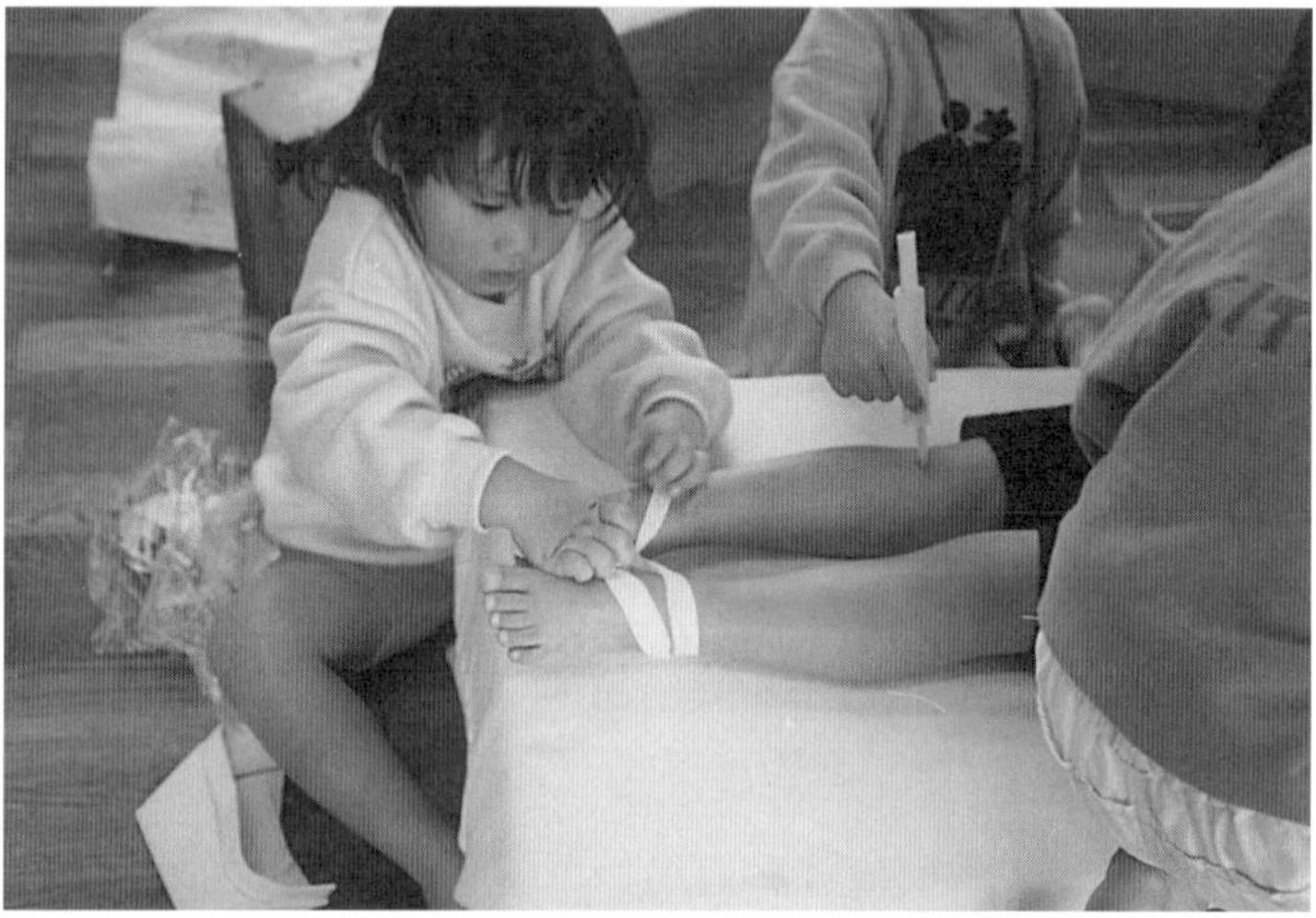

包帯巻きは難しい、我慢してねと、真剣そのもの。

にこにこしながらのやり取りする顔が実にうれしそうで微笑ましい。それらの姿を見ていて、『Aのやりたかったことはこれだったのか』と改めて思いました。

薬を確かめて「ありがとう」と帰る患者、甲斐甲斐しく薬作りもするA。医薬分業以前の病院の営みが再現され、Aも活躍の場を得ていきいきと動く、毎日輝く子どもたちの姿です。

診察室ではけが人が増え、包帯巻きが忙しくなります。包帯を巻くのは難しいのですが、それによって病人気分が盛り上がります。子どもたちは、足を引きずりながら歩くのが好きなようです。「巻いてあげましょう」と私も手伝うし、端を止めるのは、セロテープなので子どもたちでも簡単にでき、けが人はどんどん増えます。

足を引きずり引きずりカウンターに行きつくと、「足を怪我しましたか」とAは聞きます。「うん」とか「この薬はご飯が済んでから飲んでください」と使用上の注意などのやり取りがあり、うなずき返してじっと薬を見つめる子どももいます。

「ありがとう」「お大事に」で家に帰っていきますが、中には「あかちゃん、病院にいきましょう」とか「さあ！　車で病院へ行こうね」と、やさしく手を引く親子の姿もあります。途中で知人に会えば、必ず「うちの子、風邪をひいてねえ、病院へ行きゆう」と話す風景もあります。

幼くても子どもたちは大人の生活をしっかりと見ていて、それをまねることで成長していくのです。子どもの生活は、すべて模倣を通じて学んでいるのだと、このお医者さんごっこでも実感しました。

7　普段の保育を生かした運動会

プール遊びが終わると、どことなく秋の訪れが感じられだしました。庭では上級児たちのかけっこする姿や、運動会らしい取り組みなどが見られるようになります。それが3歳児の目に留まり、運動会とは「走ること」というイメージができ上がります。そして、「かけっこしよう、走るがをしよう」と言いだします。

乳児期を過ぎると、走る面白さが分かり出します。そして、これが運動会への刺激となり、運動会作りの出発点となります。

「お兄ちゃんらあ、走りゆぜえ」「本当や！　走りゆ」「先生、ぼくらもあんながあ（あんなこと）しよう」「うん、運動会しよう、運動会しよう」と、いきり立つように急かすのは継続児たち。

私の思いも同じですが、走ることだけでなく、鉄棒をつかんだりぶら下がったり、輪っかの中に両足飛び込みができるようになりたいと考えていました。

さて、これをどう実現するかについて、大まかに次のように考えていました。

○子どもたちの新鮮な意欲を大切にした運動会作りをする。

○これまで取り組んできた個々の遊びや生活を組織化したものを発表する。

○集団の中で培ってきたルールであったり、面白さや楽しさが表れるものにする。

集団で動くためにはルールがあり、それを守ることで、一人ひとりが、またみんなが楽しむことにつながるなど、この機会からも判っていけたらと思っていました。

子どもたちは、「順番、順番……」とよく言い、大好きな言葉ですが、互いに交代し合うと皆んなで遊ぶ輪が広がり、遊びがさらに楽しくなることをまだ知っていません。この感覚を知ることがルール作りの出発点だと、運動会作りの中で経験させようとしました。

子どもたちにとって、運動会は文句なく楽しい行事、しかも運動会をくぐることで大きく成長していくが、保護者たちにも、子どもの成長をじかに、しかも客観的に見ることができる機会でもあるでしょう。当日まで家庭では、「今日はどんなことした？よくできた？」など、練習のようすが親子会話ではずんでいることは、クラス便りの返信欄にもよく見られました。こうした家での会話も、自信につながっていきました。

練習を重ねて行くうちに、子どもたち自身が、しだいに「順番」というルールを知ったり、身に付けてくるとき、「僕、○○君の次や」「私は△△ちゃんの次や」と言うようになります。こうして「順番」には待ちの時間と並びがあること、「順番」を待つと、みんながやれて面白いことを大きく実感したようでした。

その日の種目と狙いを紹介します。

○三角帽の雷さんと丸い尻尾のうさぎさんの捕まえごっこ(両足飛びはこの年齢児の大きな課題)

太鼓の合図で飛びだす二人は、まず鉄棒へぶら下がり、輪っかを両足飛びで渡ると、お互いに、ピンクの尻尾か三角帽かどちらかを捕まえ合う。

○「高い山から♪」を歌いながら踊る（リズム表現）

この歌は京都地方のわらべ歌。運動会がきたから○○をするのでなく、日常的な活動で、子どもたちは歌うのもリズム表現も大好きになっていました。それがそのまま、この遊戯につながりました。

秋空の下、竹音が響くとお祭り気分が楽しめるだろうと、竹を持たせたのは私のアイデア。

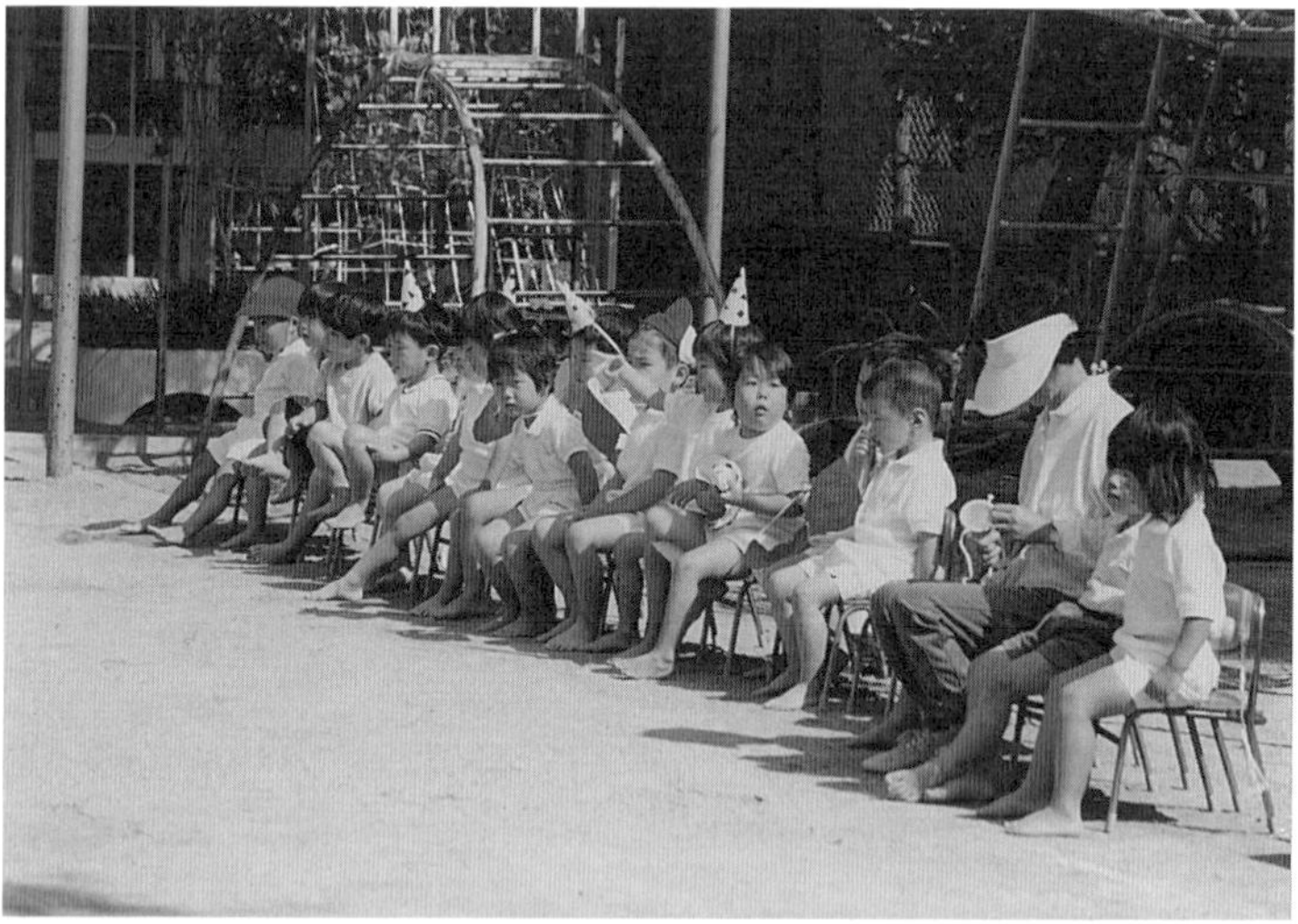

○順番に並ぼうね

「こんどは、うめ組や」「次はもも組言うた」「今度はばら組さん言うたぜ、行こう」と、教え合う子どもたちの姿に、ワクワク感が漂っていました。「そうか、良く聞いたねェ、皆に教えてやって」「うん！　今度はばら組やと！」と、子どもたちは自分の出番への関心もそそられているようでした。

こうしてアナウンスに関心を持ち、順番を待ちながら、運動会への意欲も高まっていきました。

8　秋の遠出（牧場と山登り）

運動会を経験した子どもたちの心身は、脱皮したかのような逞しさが見られるようになりました。毎年この時期、園の行事として、「遠出」が職員会の話題になり、それぞれのクラスの希望を出し合います。

『この分なら五台山ぐらいはいけるだろう』と、私は五台山行きを提案しました。また、「土佐山田町（現・香我美市）の〈雪ケ峰牧場〉なら3歳児でも行けるよ」と勧めてくれる保母もいて、3、4、5歳児全員が、雪ケ峰と高知市内の五台山に行くことに決まりました。

ちょうど地域では秋祭りの時期、神主さんが地域まわりで来園され、「元気で大きくなあれ」と、子どもたち一人ひとりの頭に手を乗せて祝ってくれました。思いがけない出来事でしたが、それが遠出への安全祈願のようでもあり、嬉しく思いました。

しかし子どもたちは、大天狗の姿におっかなびっくり。めったに経験できない、恐ろしくも楽しくもあるひとときのようでした。こうした出会いも、子どもたちの山登りを励まし、期待を高めたようでした。

山登りの経験などが少ない子どもたちは、遠出で色々な経験をします。バスを降りると、急な細い山道を意気揚々と歩き、目に入る生き物や草花、思いがけないもの、不思議なものの発見が、次々と疑問や関心を引き起こし、会話のはずむ楽しい一日となっていきます。

また、園便り、クラス便りでも、早めに家庭へ知らせていることから、それぞれの家でも話題にのぼり、「こんどぼくらあも、雪ケ峰に行くがやもねえ」とか、「こんどは五台山やー」とか、カレンダーにその日を赤く○で囲み、残りの日々をみんなで順々に×で消していきます。すると、「もうちょっとや」とか、「うん、うちのお母さんも言うた。もうちょっとやと」などなど、仲間

こわごわ近寄る子どもたち

の期待も膨らむ様子が見られました。

そして当日の朝、「ぼくのお弁当に卵焼きが入っちゅうぜ」とT。「ふーん、それはおいしそう」と返していると、「私んちのお母さんも、卵焼きをしてくれた」とか、「ボクんちはウインナーとおにぎりが入っちゅうと言うたぜ」「ボクのお母さんもおにぎりを入れたきねえ、言うた」「わーい、いっしょや」とか、笑顔がいっぱいに弾けます。

(1) さあ雪ケ峰牧場だ

JR土佐山田駅から高松方面へ少し行くと、すぐ山に囲まれ、トンネルに入ります。その隙間をぬって車窓を見ると、芝生のような広場がチラリと見えます。そこが雪ケ峰牧場で、傾斜の

遠くにも「いっぱいや、いっぱいや！」と

きつい山を切り開いた小さな牧場です。バスでは大栃行きに乗り、物部川を渡る橋のたもとで降りることになります。

川に添ってしばらく上流へ歩くと、牧場の入り口です。そこから山道になり、坂は急にきつくなります。子どもたちは、「大きな川や」「お米みたいながが、なっちゅう」などなど、普段見られない景色に、嬉しそうにしています。

木立ちが切れると青々とした坊主山が左手に現れ、見上げる草山の所々に牛や馬の姿が小さく見えてきました。

「ほーら！　あんな山の上に牛や馬がおるろう。見えるかねえ」……「うん、見えた」「おる！　いっぱいおる！」「あそこにも、こっちにもおるぜェ」「本当や、いっぱいおるねえ」「牛や馬はこけん(落ちない)かなあ?……」と心配そう。「さあどうかな」と私が返していると、「牛さん、落ちなよ！」などと、届かない大声をけん命に送る子どもたち。

「牛や馬はもっと近くにもおるから、それを見てみようか」「へェー、いっぱいおるがや」「いっぱいやいっぱいや」と期待の声……。

やがて柵に囲われた広場に着くと、近くに見る牛や馬に子どもたちはおっかなびっくり。

ワーイ　お弁当や　嬉しいな

「大きな馬や！」指を出したり引っ込めたり

「大きな馬や！」「怖いねぇ、咬みつくろうか？」「白い馬もおるぜぇ」「向こうの方にもいっぱいおる。ホラ、いっぱいや……ほら……」と。

怖々でも近寄りたい、でも離れていたい。この状態を繰り返す子どもたち。何といっても自分の体の何倍もある大きな図体の牛や馬です。しかし、何かと話しかけたくもなるのが3歳児。牛にも擬人的に話しかけるのも3歳児。それがこの年齢の発達的特徴であるでしょうし、今はその表現を満喫しているようです。

その晩には、それぞれ自分の捉えた感動が、自分の言葉でもって仲間に伝わり、〝自分が気付いたことを表現したり、仲間と話しあうと、もっとおもしろい〟を知る時へつながるでしょう。こうして、自我と模倣の時期を脱皮していく準備をしているのではと、私のワクワク感がさわぎます。

(2) 次は五台山だ

五台山は標高146メートルの山で、頂上まで車道もありますが、山道もついており、3歳児が歩けばかなりの運動量になります。定期バスで麓まで行き、そこから歩きました。

「あっ！　ドングリ、こんなにあった」

急な石段を登り、林をくぐって行くと、ドングリが落ちていたり、中腹の開けた場所には広い囲いの中に鹿がいるなど、前回の牧場とは少し趣が違った楽しみがあります。

「石の階段がいっぱいやねえ」「先生、疲れた！」と早くも弱音を吐く子、黙々と頑張る子……。

急な石段や大きな木々の生えた坂道をあがると、車道に出ました。そこは広場になっていて、金網の囲いの中に何かいるようでした。

「あっ！　鹿や！」「ヘエ！　どこどこ？」「本当や！　あれ鹿？」「赤ちゃんみたいなのもおる」。鹿や鹿やと大騒ぎの子ども達。しかし、鹿が近寄れば怖そうに後ずさりしたり、安心と思えば近づいたり。これを繰り返すうち、慣れてきます。「この草、食べるろうか?」「これ食べや!」と、金網の隙間から草を差し入れる子どももいますが、鹿は素知らぬ顔です。

それでも餌の草をちぎっているうちに、バッタやテントウムシを見つけて、興味はそちらに移り、虫取りが始まります。草むらをかき分けているうちに、今度はドングリを見つけるなどなど。それら街中では体験できない発見の数々に、子どもたちは、ひとりでに自然の中に誘いこまれていきました。

「あっ! ドングリがあった」とY。この一声にひきつけられ、「ドングリや! ドングリや!」と、まだ見つけていない子どもたちも、ドングリ探しに夢中になっていくのです。「ここにもあった。ここにも」と喜ぶ子、「ぼくはない、どこにあるう?」などの声も聞こえてきます。

「そうか、こうやって草の根元まで探してみようか」と、私は、そのやり方を繰返し見せていく。「あった!」「ここにもあったぜ」「本当や、(草を)こうやったら出て

お弁当がすむと「さあ、もうひと頑張りよ」と、バス停に向かう

きたぜ」。「そうか、よかったねえ。Sちゃんも K君みたいにやったのかなあ」に、「やった」と応えるS。こうして草分けが上手になっていくと、「ボクもあった」「私も」と、嬉しさが飛び交ううちにお弁当の時間になりました。

お弁当は、朝の出がけに自慢し合った、お母さんの心のこもったものばかりで、おいしいこと請け合いです。

「お昼寝の時間に遅れるけど、もう少し歩くとバスに乗れるよ。がんばろうね！」。こうして力いっぱいに遊んだからでしょう、バスに乗ると眠ってしまう子どもが多くいました。その寝顔に、「お疲れさま、よく頑張ったね」と、声をかけたい気持ちの私でした。

自然と遊ぶのは、子どもはもちろん、大人にとっても必要欠かせないものでしょう。野原や山など自然の多い場所に出かけると、「楽しいことや様々な不思議が必ずある」という経験が定着していって、期待がいっぱいになってきます。

そうした中で、身も心も解放されていく子どもたちの姿に、微笑ましく、共感を覚えました。

9　室内遊びいろいろ

室内遊びは、お店屋さんごっこのように園の行事とのかかわりで、ある時期に集中するものもありますが、1年を通していろいろなことができます。

ここでふれた以外に、歌やリズム遊びといった表現を主としたものや劇作りなどがあり、その年齢に応じた楽しみ方があります。3歳児のストーリーは単純化していますが、劇遊び、歌やリズム表現をこの組でもやってきました。それらのものも加えたいのですが、写真を撮っていなくて、文字でそれを伝えるのは難しく、ここでは取りあげていません。

(1)　箱積み木を使った遊び

部屋の一角には、入園当初から、いつでも使い遊べるように箱積み木や木片を入れた箱や籠が置いてあります。

4月の中頃になると、これらの遊具に少しずつ手を触れるようになってきました。箱積み木は子どもたちの頭より少し大きいので、手で持てず、お腹を使って両腕で抱えて運びますが、疲れるのか、すぐ床に置いたり並べたりします。するとその上を渡り歩く子、足を掛けたり下ろしたりする子などで、少しずつ大きな積み木に慣れてきます。

5月になると、二段ぐらいに積み上げられるような子どもも現れて、その段数が次第に高くなり、上に腰を下ろしておしゃべりしている子もいます。それが仲間の注目を引き、誰からともなく〝僕もあんなのを作ろう、作りたい〟に変わるのですが、まだ仲間と一緒に〝○○を作ろう〟にはなりません。そのうち別々に作っていたものがくっつき、その大きさに驚いて、みんなでやるとおもしろいものができると感じたようです。この状態をしばらくは見守っています。

ある日、AとTとSが、自分たちで作った大型の乗り物風のものに乗り、遊びだしました。Aは運転手、TとSはお客さんになって楽しんでいます。それに気づいた他の子どもたちは、「ぼくもあんなのを作ろう」「ぼくもバイクを作りたい」と、人気の

慣れないうちは、床に置いた孟宗竹渡りから始まります。そのうち橋を渡り、ぐるりと回ってきて山を越え、最後にポンと飛び降ります。「僕はこの橋一人で渡る」とはT。一人だと揺れが少ないことを知ったようでした。

Aは「夜が来ましたよー」とカーテンを閉め、みんながベットに入るように知らせます。仲間たちは積み木板を次々に出して、ベットにして寝ます。

屋台にごちそうがたくさん並び、後ろの調理場でそれを作っている子どももいます（写真には写っていない）。

ライダーマンだ！　ヘンシン！

子どもたちは乗り物が大好き。格好いい一人乗りバイクから大型バスやキャンピングカーまで作り、これを使ったイメージ遊びを発展させます。

ライダーマンのバイク作りにつながっていきました。

7月下旬になると、バイクは一人用から二人乗りに変わり、大型バスや食器や鍋を積み込んだキャンピングカーに進化していきます。そうなると、運転手と乗客（家族のようでもある）が現れ、自分の体験をもとにした乗り物遊びに発展します。中には「保育園に行くよう」と、親らしい振る舞いをする子どももいます。

積み木は、いろいろなものを作る遊びだけでなく、できたものを使った遊びにもなります。写真でもお分かりのように、ときには揺れる橋にしてバランスをとって渡る、高い上から跳び下りるなどの動きにもなり、お店屋さんごっこのお店や屋台を作るなど、ほかの遊びを楽しむ小道具にもなります。

このように、生活経験を再現し、遊びにしていくことができる3歳児は、新たな発見や感動を呼び起こしながら、自身を成長させていくエネルギーにしていきます。

（2）お店屋さんごっこが来るよう

12月になると、保育園に近い菜円場商店街は、歳末商戦で賑わいだします。人目を引く大きな看板や店の飾り付け、クリスマスソングが鳴り響き、人々の動きもなんとなくあわただしくなります。

園の行き帰りにそのようすを目にしている子どもたちは、その刺激でなにが近づいているのか判るようです。

「サンタさんがおったぜ！」「サンタさんの歌が聞こえた」「サンタさんがもうすぐ来るねえと、お母さんが言うたぜ」……など、登園すると口々に私に教えてくれます。

「そうか！　もう少ししよったら、下知保育園にもサンタさんが来てくれるかもね！」

「えっ！　保育園にも！」「ウヮー、やったーやったー」「ヘェー！　サンタさんやと！」

「サンタさんが来る来る」と、明日にも来てくれそうな気持ちが弾けていきました。

この期待感、刺激を大切にして、お店屋さんごっこを楽しみながら成功させることだと思いました。

園全体で取り組む「お店屋さんごっこ」では、どうしても年長児が中心になりますが、3歳児も2、3、店で売る商品作りやお客さん役で出番があります。

どんなものが売れるか（どんなものを自分たちは欲しいか）に始まり、その材料探しと組み合わせ、手の加え方など、作るのは手先を使う訓練になります。またお客さんになって、買い物を楽しむこともできます。

「今からねえ、菜円場のお店でどんな物を売りゆうかを見に行こうか」と呼びかけると、「うん、ぼくも行く」「私も」と張り切った返事がかえってきます。

園に戻って、「どんなものがあったかな？」と聞くと、「お洋服売りよった」「おもちゃやさんがあった」「たこやきがあった」「たいこまんも」「くつも」「花もいっぱいやった」「パン屋さんも」「小鳥も」「お魚も」「お菓子も」「おみかんも、リンゴもバナナも売りよった」と元気な声がかえってきます。

「ふーん、いっぱいいっぱいあったねえ！……さてさて、子どものお店屋さんにも売るものがいるかな……」「うん、いる」「そうか、困ったなー……」「先生、なんか作ろう。作らないかん、うん、作ろう作ろう」。勇み立つのは継続児たちですが、去年の経験がない子どもたちにはまだピンときていません。

「よし、私も考えるけど、皆んなあも考えてよ！……Tちゃん、前に作ったお面を、みんなに教えてあげれないかなあ……」。でも、Tは、9月に作ったお面のことは頭になかったのでしょう、返事はありませんでした。

「作りたいもの」と「作れるもの」の選り別けは、3歳児にはなかなか難しいものです。子どもたちの希望を大切にしながら、「首飾り」と「鳴子」を作ることにしました。

「首飾り」は、採ってきて準備してあった数珠玉と、色画用紙を切って作った花びらを紐に通して作ります。数珠玉の小さな穴に糸（釣りの道糸）を通すことも花びらを切ることも、手先を使うけいこになり、根気のいる作業でもあります。

「鳴子」は、かき氷のから容器二つに中心棒を挟んで合わせ、その中に数珠玉を入れます。継ぎ目はホッチキスで止めますが、子どもたちには難しいので私がやり、その上に色テープを子どもたちが貼って仕上がりです。鳴子を手にして踊る夏の一大イベント〝よさこい鳴子踊り〟を見ている子どもたちには、馴染みのものです。

でき上がると、大きな子どもたちにも人気があり、鳴子を手にして大勢の子どもたちが踊り、まるでお店屋さんごっこの前祝いです。お店屋さんが済んだ後も、これを使って遊んだり踊ったりで、冬の遊びの一つになりました。

お店屋さんが終わっても、晩秋の廊下の日だまりやプールの周りでは、毎日のようにごちそう作り・食堂ごっこや、お面作りなどが続き、お店屋さんごっこの延長のような姿が見られました。

また、「みんなねえ、サンタさんが来るのはお店屋さんごっこが終わってからなの。そう言うお手紙が来てたなあ……」と期待を持たせてもあったので、気持ちの上でも楽しい年末を過ごせたようでした。

こうしてお店屋さんごっこは、楽しく終わりましたが、準備にいそしむ子どもたちと当日のようすを写真に撮りました。

Tの作ったお面は仲間たちのあこがれに。格好良く面をつけて遊びだすと、ますますうらやましくなる。「あんな面が欲しいなー」の仲間とT。でも、作り方を伝えるのは難しい。

牛乳パックを切り取った箱に、切り紙を貼ったハンドバック作り。

さあ！　明日はお店屋さんごっこだよ。自分が作った鳴子が、どんな音で鳴るか試してみよう。よさこい鳴子踊りの曲をかけて踊ると、年長児も加わって大にぎわい。当日、この商品は大ヒット。

商品へのこだわりや期待がお買い物を楽しくする。一生懸命に作ったものが、人気の商品になる。

大きな買い物袋がふくらみ始めるのを見ると、自分で選び、やり取りをして買えたんだなと、笑顔とともに安心感。そこにも一つの成長がみられる。

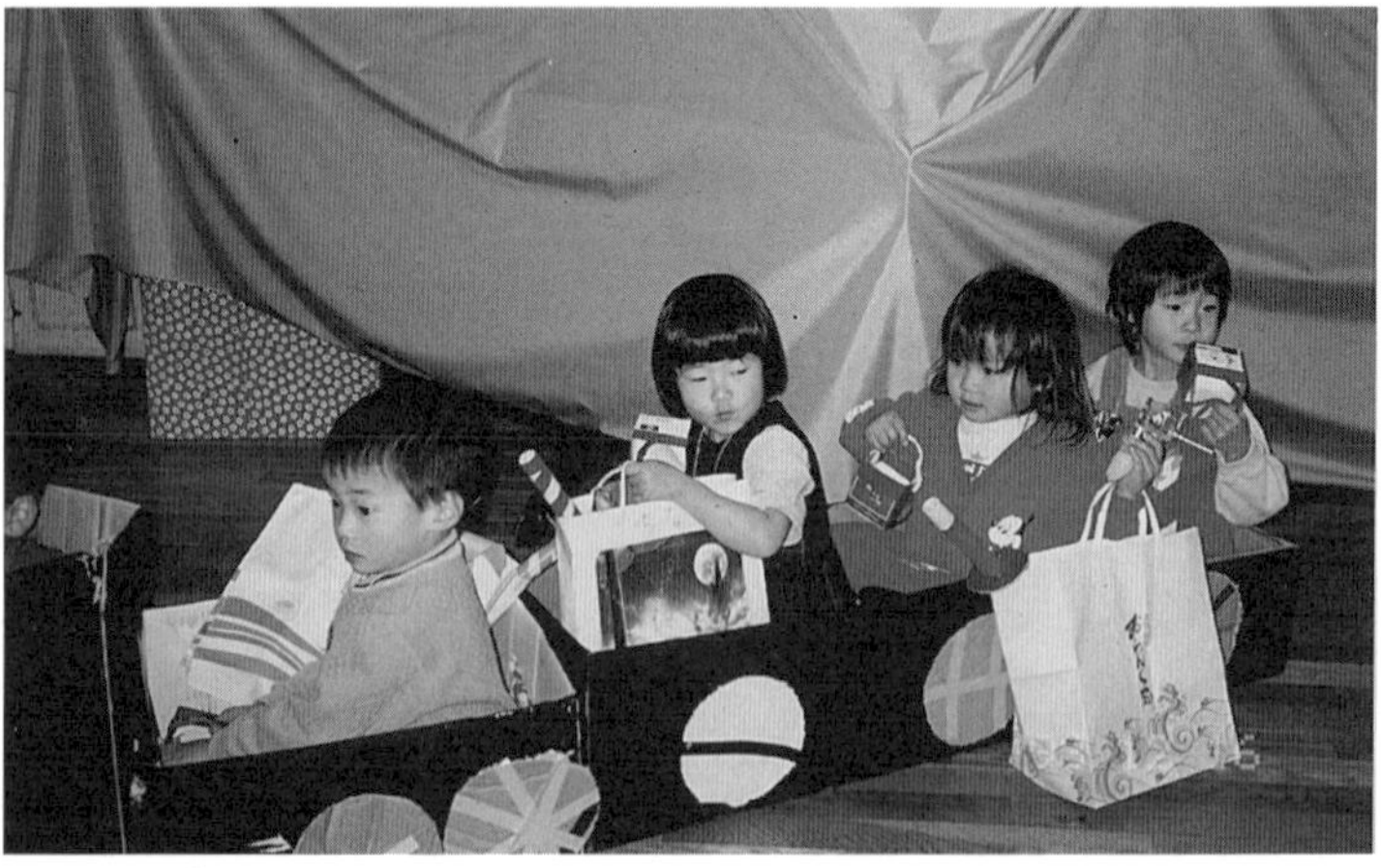

いっぱいお買い物をした。さあ！お家へ帰ろう。乗り物が待っているよ。

10　冬から春へ

家庭でお正月を楽しんだ子どもたちは、賑やかな保育園生活に戻りました。幼かった年少児も年中児になる、その喜びや期待感を育てながら、1年間を取りまとめる時期です。

私は、「あと100日くらいたったら、みんなはゆり組さんになるよ」と、話しました。

「えっ！　100したら、ゆり組？」「ゆり組やと！」「ゆり組やと！」が口々に返ってきました。その距離や時間的なことは判らないようでしたが、100という数への親しみを覚え、間もなく進級することは想像できるようでした。

「うん、ぼくんちのお母さんも言うたぜ。もうちょっとしよったら（経ったらの意）ゆり組さんになる言うた」。これを聞いた仲間が「私んちも、ぼくんちも」と言い合うようすに、それを感じました。

「そうか！　みんなのお母さんは素敵やねえ！」と返した私は、更に続けました。

「ゆり組さんになる前には、もう1回参観日が来るよ。みんなもゆり組になるんだよと、お家の人に見てもらおうか」

「うん、うん、見てもらおう」

子どもの話や園だより、クラスだよりから、集団生活の中でのわが子の姿は、保護者にも伝わっています。しかし、その姿を直接参観して知ることは格別のもので、成長したわが子を見る楽しみにもつながります。普段の生活では忙しい親も、「行ってやらねば子どもが淋しがる」との思いもあり、ほとんどの親が参加します。私としても、いろいろな意味で、大きくなり、成長した子どもたちの姿を見てもらいたいという思いが高まってきます。

一方、園での生活は、これまでの続きのようで、少しずつ変わってきます。自己中心の遊びから、仲間と関わりながら遊ぶ面白さを感じるようになる、唯我独尊？の3歳児から一歩前進していくのです。

仲間と楽しく遊ぶ冬のようすを、写真で紹介します。

◯お店屋さんごっこの延長か、子どもたちは陽だまりの廊下やプールサイドで、ごちそうを作ったり、売り買いしたり、それを食べたりというままごと風な遊びが毎日のように続きます。

思い思いのごちそう作りと試食のひと時。

○４月半ばから始まった積み木遊びも、作るものの数も積み方も次第に増え、複雑になってきます。大きな積み木で家を作ったり、隅っこを作りその中に入り込んだりして遊びます。子どもたちは隅っこ遊びが大好きす。

お家は楽しい。

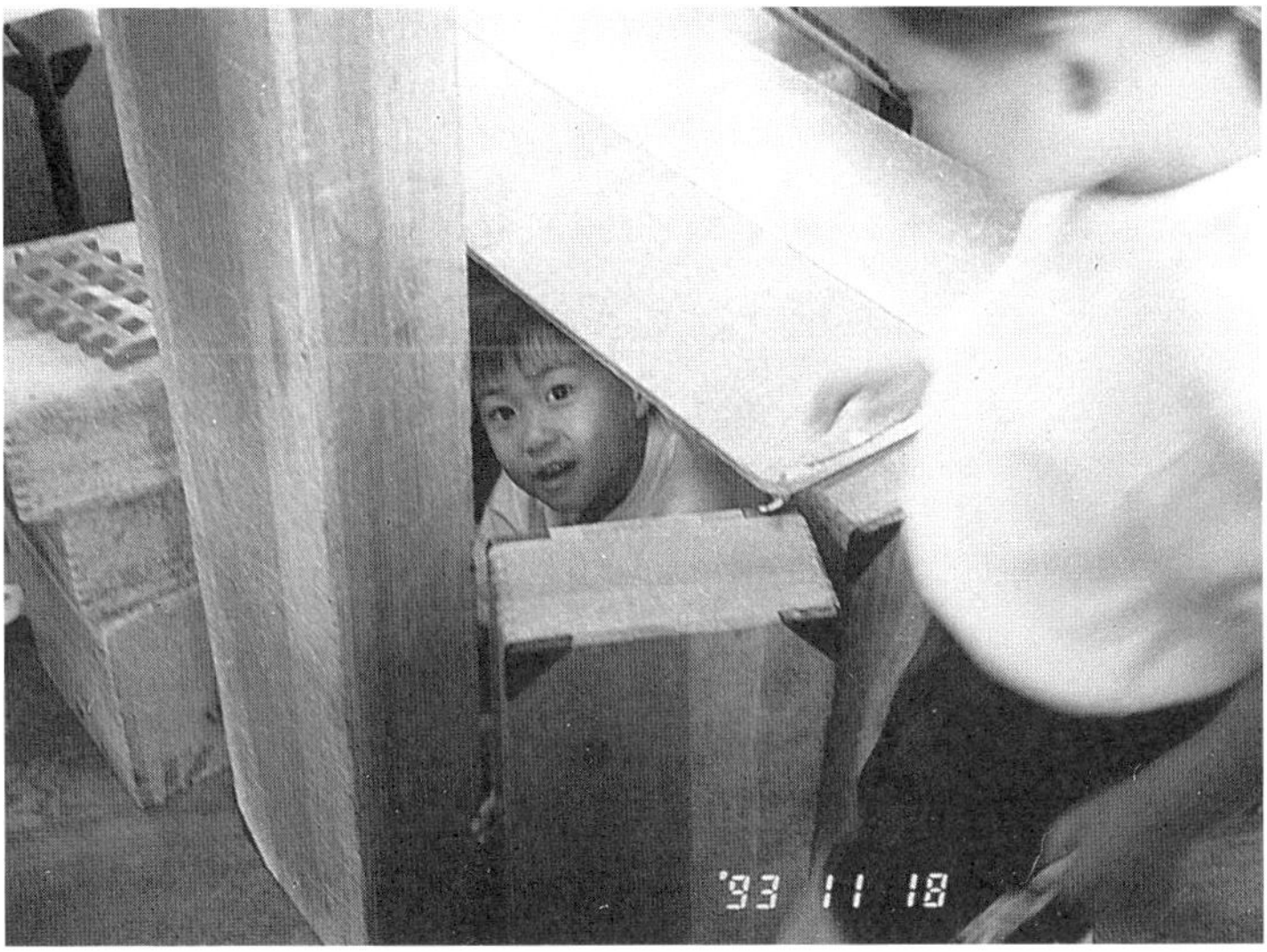

隅っこもいいな。わずかな隙間を通したやりとりも楽しい。

○小さな積み木も、自分のイメージに合わせて色々なものが作れるようになります。それに仲間の思いが加わり、さらに楽しくなります。

小さな積み木も個々のイメージが存分に楽しめる。

○お絵描きも次第に変わってきます。
描いた「マル」にはいろいろなことが込められています。仲間や家のこと、多くの経験、感情の動きなどなど！

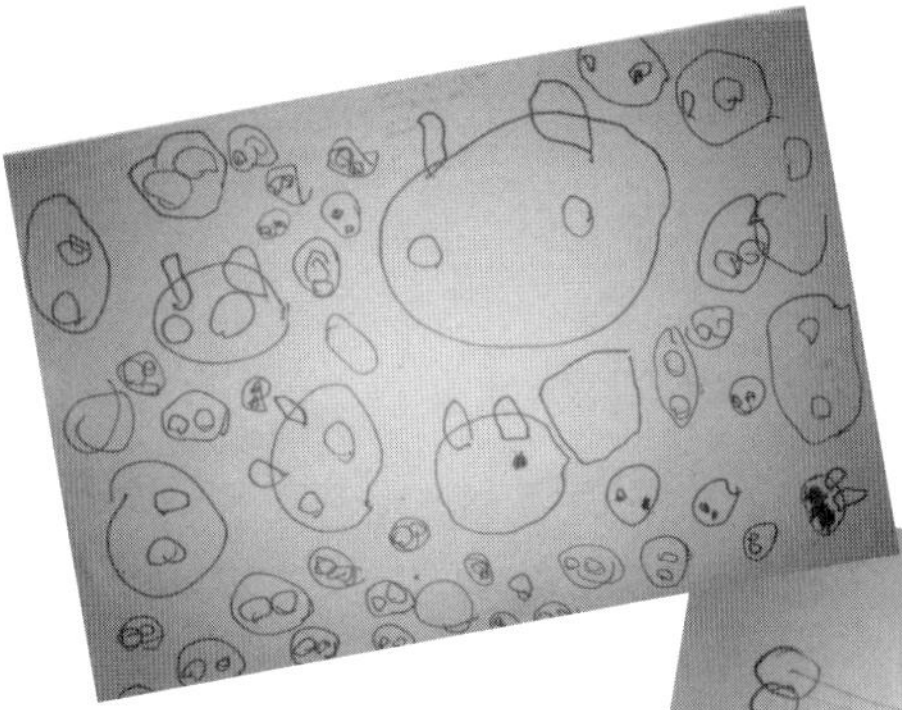

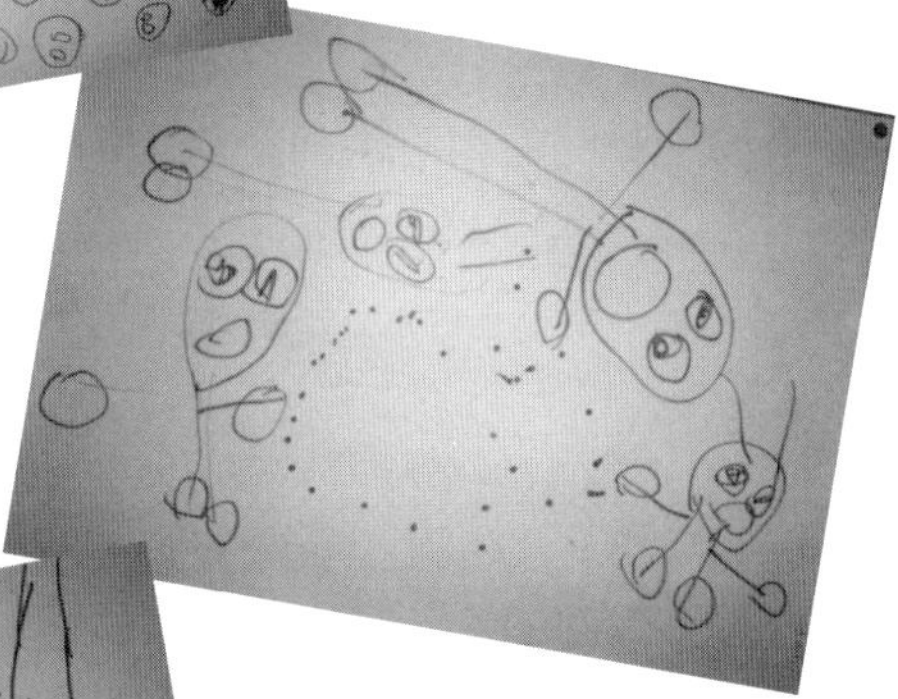

こんな絵も描けますよ
どの表現にも自分と仲間の思いがいっぱいで楽しいね

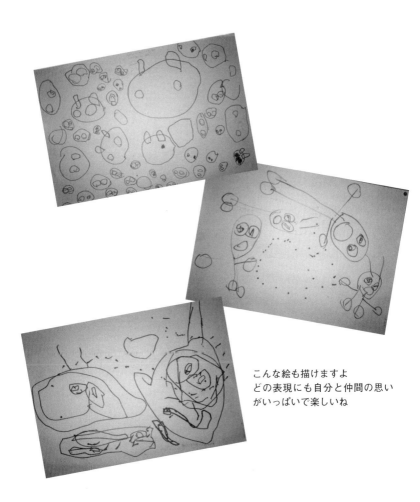

かっこいいお面は仲間の憧れに。

発表会を楽しむ子ども達。

もうすぐゆり組だぞ！　こんな高い所にも登れたよ。オーイと仲間を呼んでいる。

参観日では、1年を通して経験し育んできたこと、それに歌うことと、リズム表現の楽しさを加えたものを見てもらうようにしました。子どもたちにもそれが十分に伝わったようで、生きいきと、のびのびと表現し、保護者の楽しむ姿を見ることができました。

2章

座談会

子ども・保育士・保護者と心を寄せて

～これからの保育士さんにエールを！

2年目、3年目の駆け出しの保育士さんに集まってもらい、上岡先生とのお喋り会を開きました。経験豊かな上岡先生が、若い保育士さんの悩みにアドバイスとエールを！　過去の保育経験が、今もなお生きていることが実感できます。

参加者紹介

座談会実施日
2014 年 6 月 29 日

上岡勢津

伊藤まり（中野保育園）
保育歴2年目。短大卒。
2歳児→3歳児をもつ。

西田奈央（中野保育園）
保育歴3年目。大学卒。
1・2歳混合クラス→3歳児
→5歳児の年長さんをもつ。

依岡風花（もみのき幼稚園）
保育歴３年目。大学卒。
２歳児→４歳児→３歳児をもつ

■こんな想いで保育士になった

伊藤：保育士になりたいと思い始めたのは小学生くらいのときで、妹も2人いたし、子どもが好きだったんです。自分が保育園ですごく楽しかった思いがあったので、そう思える子どもがいてくれたらいいなと目指しました。

西田：私は中学校のときの職場体験学習がきっかけでした。それまでは小学校の先生になりたかったんですけど、人数制限の関係でたまたま保育園を希望しました。そこがすごく楽しかった。最初は楽しいという漠然とした理由で目指し始めたのですが、大学で幼児教育を学ぶうちに、魅力的だと思い始めたんです。

幼稚園・保育園・小学校・図書館司書の資格は持っていて、試験も一本に絞らずに小学校を受けたりしましたが、一番なりたかったのは保育士でした。夢が叶って本当に嬉しいです。

依岡：私も伊藤先生と一緒で、小学校のときから保育士になりたいという夢がありました。自分が通っていた保育園の先生がとても優しくて、こういう先生になれたらいいなと思っていました。子どもも大好きでしたし、幼児教育が社会に出ていく最初の一番大切な時期だと思い、そこに関われる仕事がしたいというのも一つの理由でした。

■今、保育園では……

西田：今年は5歳児を20人、一人で保育しています。年長さんは園の行事の主役で、現在は夏祭りに向けて意欲を高めているところです。

ペアの先生と話して、遊びから始めようとしています。4メートルの孟宗竹を4本準備して、一本につき10人ずつで叩くんです。木でできたバチで力まかせに叩いたら割れてしまうので、叩き方も考えながらやっています。

音楽の候補の曲をかけて、好きなように踊ったり叩いたりしながら、「こんな叩き方したい」という子どもたちの意見を取り入れながら隊形を作っていっています。竹太鼓遊びをすることがメインで、こうしなさいとつめていません。ふざける子には言葉もかけながら、本番も、みんなが揃わなくても楽しくしているところを見てもらいたいなと思っています。

私が1年目のときの年長児は、決まったリズムを叩いていましたが、去年の年長さんが音楽にのせて叩いたんです。それが子どもたちの印象に残って、去年もっていた3歳児クラスでも机で年長さんの真似っこして叩いたりしていました。今年の年長さんも去年の年長さんの姿を見ていたので、曲調で気分が高まって楽しく叩けるのではという話になって、今年はよさこいソーランの曲でやろうと思っています。私たちが何も言わなくても、子どもたちで歌って掛け声をかけたりして楽しんでいます。40人で叩くと、大きな音がして音楽が聞こえないくらいです。7月の2週目の夏祭りに向けてカウントダウンといったところです。

依岡：34人の3歳児を2人担任制で見ています。男の子が22人、女の子が12人、男の子が圧倒的に多くてすごくパワフルなクラスです。一人ひとりの思いがあって自分のやりたいようにやってしまうところがあるので、一つにまとめるのがすごく難しいと感じています。

3歳児を受け持って思ったのは、4歳児とのギャップです。1年違っただけで、こんなにできること・できないことの差があるんだと感じました。今は園生活に慣れて、友達との関わりもできてきて、トラブルもありながらの毎日です。

もみのき保育園は、「生きる力を育てる」という理念のもと「森のようちえん」の活動を進めているので、外遊びを中心に、外でのびのびと元気に遊べるような活動も行っています。棒を拾って岩を叩いて音を出したり、虫をつかまえてみたり……子どもたちは遊具がなくても自分たちで遊びを見つけます。子どもによって、感じ方や成長も違います。子どもたちと共に成長しながらかかわっている、といった感じです。

伊藤：去年が2歳児で、今年3歳児のクラスを持って初めに思ったのは、「もう3歳だからできる」と思うんじゃなくて、「まだ3歳だから手助けしなくてはいけないときがある」ということ。いつ助けるときか、待つときか、見極めるのが大事だと思いました。

■3歳児の特徴

西田：2階建ての園舎で、2階が0・1・2歳、下が3・4・5歳です。3歳になって1階に下りてきたときは、本人たちも何でもできる気になっているのですが、やっぱり失敗する。初めは自分のものを取られて怒る、物を投げる、とかもありました。お兄ちゃんお姉ちゃんのようにうまくいかなくて、そこで葛藤して泣いたりトラブルになったりもします。でも、受け入れて対応していったら、ちょっとずつ「自分でやってみよう」と頑張る姿が見えてきます。1年たって3月になると友達との関わりも増えてきました。

朝泣いてくる子がいて、私が気持ちを切り替えさせてあげられなくて、ずっと離れなかったんです。「ちょっとお母さんと話してくるき、ここにおってよ」と言って帰ってきたら、いなかった。あれ?と思ったら、友達と一緒に走ってきて「○○ちゃんが一緒に遊ぼうって言うてくれたき、もう大丈夫。涙も止まったき」と言ってくれたんです。友達の力で変わっていく姿が最後に見られて感動しました。

初めは「せんせい、せんせい」って言ってくるけど、最後は子ども同士で解決しようとする姿が見られるようになったのです。

伊藤：去年は2歳児、今年は3歳児です。園庭が目の前にあるので「外に行きたい」と朝から楽しみにして遊んでいる姿を見ると、できるようになっていることも増えていると感じます。うんていもぶら下がるだけだったのが、今年は次の棒へいけたり。友達のやっているのを見て自分もやってみたいと思ったり。友達やお兄さんお姉さんの姿を見て、やる気、意欲が出てきています。

その反面、2歳のときから着替えができるようになり、それが当たり前になると、保護者の方だけでなく自分自身も褒めたりすることが少なくなってきて、子どもはやる気を失ったりもします。ほめること、自信につなげていくことが、改めて大切だと思いました。

依岡：去年が４歳児の担任だったので、今年は３歳児を持って、激しいギャップを感じました。４歳は指示をしたら動ける、保育者を頼らずに自分のことは自分でやります。

３歳は、やる気はあるけど、どうしてもうまくいかない。自分でやろうとするけど、できないで泣いてしまう。泣きながら先生の所にくる。手伝うふりをしてのせてあげたら、気持ちがのってやる子が多い。なるべく一人でできるように、できないところは手伝います。最初は「せんせい、せんせい」と言って来るけど、ちょっとずつ自分でできるようになって自信につながったら、これも減ってくるんだろうなと思います。できるようになったら「先生、できるようになった！」と言ってきます。「すごい！」と褒めてあげたら、自信がつくようです。

上岡：３歳児は、自我と模倣欲がいっぱいに輝く時期だと思います。この姿をどれだけ保育士が大切にするか、です。そこには過去の経験が個人差のように見えることもあるでしょう。友達はこう、自分はこう。自分なりの方法でやりながら友達のことも気になり真似てみる。そうして遊びがより面白くなる。集団の中で子どもたちが、これに気づくように仕向けるのが保育士の役割だと思います。

4歳児になれば、仲間の中でこれまでに積み上げた経験をもとにした発達の仕方ができるようになります。保育士は3歳児の課題を認識して、焦らず取り組むことだと思います。

繰り返すようですが、自分のことだけしか見えない時期(自我の時代)の子どもが、仲間のすることを見て模倣欲が起きる。それを起こさせ大事にすることが保育士の役割だと思います。

■悩み　Q 気分ののらない子どもに対してどうするか

依岡：もうすぐ夕涼み会があるので踊りの練習もやっていますが、やる子はすごいやるけど、気が向かない子は遊ぶ。気分がのらない子どもをどう誘導して輪の中に入れていくかが悩みです。

西田：去年3歳児をもっていたとき、私もそれが悩みでした。興味がなくてふざけたり、みんなから離れていって、ということもありました。

伊藤：お昼寝の前にみんなで集まって紙芝居を見るときに、全然集まらない子がいて困っています。人形を使って呼んだり、一緒に紙芝居を取りに行って、見たい気持ちを持てるようにしていますが……。

依岡：無理にさせても子どもが楽しいとは限らないですよね。

上岡：保育士としては焦る思いも出てくると思います。でも、4月の出発からすると、今6月。この3か月に一人ひとりの子どもとゆったり関わり、安心のもとを作ることがまず大切でしょう。とにかく焦らない、焦ると後へ長引く心配があります。その子どもに応じた保育園へのなじみ方、集団生活へのなじみ方があるんです。

それぞれの子どもの今の思いを満足させる。そういう関わりをたっぷりさせることが、やがてこっちの話がわかってもらえることにつながります。友達の思ってること、やっていることがその子にも見えてくるのです。

そうした時、もし一緒にやれたことがあったら、「一緒にやって面白かったね、私も面白かった」と、保育士が言う。そういうやり取りをしていく中で、「ほんならまたやってみろうか」「みんながやりゆうこと、まねてみろうか」と、その子どもが自ら開いてきます。そういう変わり目を見逃さないことです。その時をとらえて他の子どもたちに「〇〇ちゃんも一緒に行こう」「〇〇ちゃんも誘っちゃって」と保育士が投げかけをすることで、道が開けるかもわかりません。この子は今どんな気持ちでいるのだろうと、絶えず気にとめていると、チャンスは必ずやってきます。

「自分もやってよかった」「やってみると面白かった」という実感が自分のものになることが、3歳のときには何よりも大事です。3歳児は自我がいっぱい。その自我を抑えたらだめなんです。自我を大切にしながら仲間と育ちあっていくことにつなげていく、これが保育士の役割だと思います。

「明日も保育園へ行きたい」この気持ちを育てるのが4・5月です。保育士や友だちとのつながりがよくないと、この気持ちは起こりません。そこには人を信頼することが基礎にあるはずです。基礎がしっかり根付くことで、「自分もやってみよう、真似っこしてみよう」という気持ちになっていくのでしょう。そういう状態が来るのを待つ。保育士はそれを受けて次の段階に進むことで、保育がつながり、発達につながっていくんじゃないかと思います。

■悩み　Q かみつく子で困っている

伊藤：かみついたりする子がいるんです。言うだけじゃ直らないし、ずっとその子についていることもできないので、どうしたらいいかと悩んでいます。

依岡：言葉が先に出ないもどかしさから、友だちをかんでしまう、叩いてしまうのはどうしてもあること。そのときは、お互いの言い分を聞いて気持ちに寄り添ってあげることかなと思います。すると気持ちに余裕が出てきて、お互いが納得して「こうしたらよかったね」と話すことができます。

私は言葉で伝えていく大切さを伝えています。去年、4歳児をもっていたときも、4・5月は言葉で伝えられないから、かんで叩いて、ということもありました。「友達を叩いたりかみついたりすることはだめだけど、こういう理由があったんだね」と私が言うと、自分の気持ちをわかってもらえたとちょっと安心するようです。最終的には、そういうことはなくなりました。3歳児はまだスタートしたばかりなので、少しずつの積み重ねだと思います。

西田：5歳児は言葉の方が多いですね。3歳児のときは5月の連休明けから、かみつきがすごくあって、目の上をかんだということもありまた。かんだ子は、家族の事情でなかなか自分を見てもらえない、心が満たされてない部分がありました。「毎日、先生と抱っこする時間つくろうね」と言って、毎日ふれ合っていたら、少しずつ減っていきました。3月の後半には、友達との関わりが増えてきて、一緒に遊ぶことも増えてきました。

伊藤：私が持っているクラスのかみつく子も、家庭の事情で少し不安定なことがある子どもです。西田先生のやり方、とても参考になります。

上岡：継続児が多い組と、新入の子が多い組とによって違うと思います。集団生活をしてきた子どもが多いとあんまりそんなことはないかもしれません。全く初めての生活へ入ったとしたらそういうことだってあるでしょう。

かみつくということを考えてみると、かみたくなる思い、かまれて痛いという思い、両方があると思います。その状況を受け止めながら、保育士としてどう関わるのか……。

私が大事にしたいのは、両方の表情を見合うことです。そして、「どうしたの?」「そうかー痛かったね、〇〇ちゃんに一緒に話を聞いてみろう」と、一緒にその子に聞いてみる。「痛そうに泣きゆうねー」と保育士が言うと、かみついた子は「あぁ痛いんかぁ」と気づくこともあります。「あー痛かったねー」とさすってあげると、かみつかれた子には「保育士は私のことを考えてくれている」という安心感が生まれます。自分が危険を感じるとき、困ったときは、先生に助けを求めようと思うようになります。

両方が考え合わないといけないということなのです。「かみついた」行為にはいろいろな原因があります。自分の持っているおもちゃを取り上げられた子、行きずりに頭をポカンとやられた子など、かんだ子が一方的に悪いと言えない場合もあります。でも押しつけでは駄目です。子どもたちがそれに気づくように気長に話しかける。理由はともかく、かまれた子の痛さを知り、少しずつ、いけないことだったと分からせる。そして仲良くなって「また遊ぼうね」という楽しい関係につないでいかないといけません。

かんだ子、かまれた子の関係を「痛かったね、ごめんなさい言おうね」ですませるのか、保育の対応がそこでぐっと変わってきます。人ってすごいな、面白いな、嬉しいな、仲良しになりたいな、という思いを育てていくために、保育士の対応がものすごく大事になると思います。

■悩み　Q 保護者との関係で困っている

伊藤：かみつかれた子どもの保護者から「相手の保護者の電話番号を教えて欲しい」と苦情がありました。自分の目が行き届いてないからだと思っていたので、どうしていいかわからなく、園長先生に助けてもらいました。

依岡：うまく汲み取ってくれる保護者と、言葉のニュアンスで違うようにとってしまう保護者もいます。そういうことが起きないように、参観日や毎月のお便りでクラスの状態を知らせて、なるべく知ってもらえるように努力をしています。

西田：親とのことでうまくいってない、心にもやもやを抱えている子がいたので、参観日のふれあい遊びに来てもらいたいと思っていたのですが、お母さんは来なかった。もっと手前から声かけしたらよかったとすごく反省しました。

去年度も子どものケガや私自身の対応で保護者の方にたくさん迷惑をかけてしまったので、ちょっとのことでも保護者と伝え合うのはすごく大切だと思いました。

上岡：かみつきだけでなく、おもちゃの奪い合いなど、いろんなことが大なり小なり出てきます。そういった毎日の状況を保護者にきちっと伝えることが大事でしょう。「あの先生はうちの子を見てくれてない」「あの先生には任せられない」ということに発展しないように、「こういうことがありながら、子どもは相手の気持ち、自分の気持ちを伝え合って育っていくんですよ」「仲良くなるときがきますから」などと伝えることが大事だと思います。かみつかれた子は痛かったでしょう。かみついた子にもそれなりの言い分があります。双方の言い分を丁寧に聞き、子どもが保育士に受けとめられたと実感できるように、対応を丁寧にやりたいものです。そうすれば、親の訴えも変わってきます。

つまり、一つのきっかけが一つの出発をつくり、子どもは相手の様子や仲間のやり取りなどから状況を少しずつ理解し始めます。それらのことをクラス便りに載せ、保育士も子どもも保護者も、学びぁいの場にしたいなぁと思いながらやってきました。私も失敗するけど、反省することで次につなげる。今日あったことを自分で考え直してみるのです。

クラスのいろんな姿を保護者に向けてお便りしていくことで、保護者と共有しあうことができます。今の時期だったらこういうことかなと保護者も理解でき、家でも一緒に考えてみよう、とつながっていきます。保育士が知っていることを、そのまま包み隠さず親に知らせ、共有してもらって、子どもを育てあう関係をつないでいく。親からの返事も必ずあります。そこで両方が学びあう。次の出発につながっていく。安心して子どもを信じて実践を開くことにつながっていくのです。

「共有する」とよく言いますが、難しいようで、ある意味ものすごく単純かもしれません。保護者と共有していかなければ、育ちにはつながりません。ただ知らせるのではなくて、おうちの様子も保育園へ寄せてもらうことです。私はクラス便りに返信欄をつくり、書いてもらうようにしてきました。参観日や懇談会をするときに、保護者同士の交流をうんと活発にしていると、お互いの様子から子育てが楽しみになるようです。しんどいな、でも、楽しみが大きい。親自身の変化もあります。楽しさがもらえるから、親も子どもも落ち着きを持って、あわてず子育てに取り組めます。誰と比べて、ではなくて、うちの子にはこういうすてきなところがあるんだな、と知るうえでも、クラス便り、クラス懇談会は大事でした。

親同士で笑いながら「うちもこうやった」と話ができだすと、親同士がしっかりつながって、子育てが自分の子どもだけじゃなくて隣の子どもへも目が向いていきます。運動会、遠足、何にしても親が一緒に参加する状態になります。集団の中の育ちを見ることで、子どもに向かう親の目が肥えてきます。保育園へ来て他のおかあさんと話をするのが楽しい、面白い、相談もできる。保育園は保護者をつなぎあわせる場所でもあるのです。

■悩み　Q 自然の中で育てたいけど……

依岡：室内より外の方が、子どもたちの動きも活発で、好きな遊びをのびのびしています。遊ぶ中で感性が豊かになったり、気づきがあります。

保育者も、子どもの発言や行動に驚かされることが多くあります。雨の日でも合羽を着て外に散歩に行くと、「カエルが歌いゆう」とか言います。感性が豊かだなぁと実感します。３歳児はだんご虫から始まって、今はバッタに興味があります。こわいけど触ってみたい。でも、力が強すぎて羽をちぎってしまう。生きているからちぎらないようにしなくてはが、わからない時期です。羽がちぎれても自分は痛くないから、虫の痛みもわかりません。生と死をどう伝えていくかは、私の課題でもあります。先輩の先生に聞いたけど、「経験を重ねてわかっていくこともあるから焦らずに」とアドバイスをもらいました。

野外での活動が多いので、こちらが「危ない」と言わなくても、自分たちで気づける力も育っています。ハチとかヘビが出たら近づかない、ハチがいたらしゃがんで待つ、部屋に入ってきたら電気を消して窓を開けて静かにいる。こちらが言わなくても子どもたちがやる習慣になっています。

西田：自然体験が少ないので、依岡先生の園がうらやましい。この間、５才児がハチを網でつかまえて触ってさされたこともありました。

まちの保育園だと、花壇と木とプランターくらいです。でも、子どもたちは虫探しが好きで、どこからか見つけてきます。一つの発見がすごく嬉しそうです。

かぶと虫を飼っているのですが、足をもぎとってしまった。もぎとってしまった子は「やってしまった」という顔をしていました。生と死の問題は難しいです。
　外へ行ったらどんぐりを拾って、秋になったらお店やさんごっこで使ったり。休日に遊びに行って葉っぱを持ってきたら、面白い形に葉っぱを切ったり破ったり、壁面に貼り付けたり、ブローチにしたり……イメージの世界で遊びながら工夫していま す。

依岡：わたしの園が恵まれた環境で保育できているのは実感します。野外遊びをしていると、２歳児でも斜面を手を使わずに足で上がっていったりするので、脚力もつくし体力もすごくあります。登山では、子どもたちは楽しくてしょうがなくて、頂上まで行って、帰りも体力が有り余りすぎて「また行こうね、先生」と言ってくれます。それについていくのが精一杯。
　自然の中で遊べるので、のびのびとしています。雨降りでも、「先生、合羽着て遊びに行こう」と言います。園が休みの日、「雨降りゆうき外には行けんで」と親が言うと、「合羽着て行ったら遊べる」と子どもが言うらしいです。外遊びが好きで、ころび方がうまいので怪我をあまりしません。０歳から外に出てるので、外遊びで培ってきた積み重ねかなと思います。

上岡：自然と触れ合うというのは、心地よいんです。全部の自分を受け入れてくれるようなものがあります。不思議がいっぱいつまっています。そんなことを感じるから、様々な表現が生まれます。その表現が、考えることに必ずつながっています。人は誰でも、表現する中で考えます。子どもも小さいなりに、年齢に応じて経験を積み上げていってています。経験の表現は育ちにつながる。この3つのバランスを、生活にしっかり敷きこんでいく実践をしたいなと思います。

遠出して歩かさないといけないというのではなく、その経験の中で育っていくものを大切にすることです。外行きをすると、見たこと感じたことが自然に飛び出します。仲間の中で表現するので、仲間同士の思いが出てきます。この力が考える力を耕していくのです。自然と関わることは、必ず次の何かの活動につながっていきます。

保育園に帰ってからの園内活動で、この経験を通して、子ども同士がつながりあいます。共同の遊びが生まれたり、作品ができたりと発展します。不思議を感じてそのときに表現したことが、仲間の中で共感になっていく。そのことを保育士が見届けていくことが大事です。そして、次はこういう経験をさせてみよう、につながります。

「実践がブツ切れになってはいけない」と言われますが、保育士はつなげようと思うのではなく、子どもが感じたこころ、ことば、そういうものをもらって、子ども同士の交流の中で、次の実践が子どもの中から育つ。保育士が投げかけて動くのではなく、子どもの主体的な活動が始まる、ここが大事じゃないかなと思います。

園内にも自然は結構あるものです。山へ行ったから育つ、散歩へ行ったから育つ、のではなく、園内での活動も含めて全てが自然につながっています。園内で水遊びをします。水はいろんな変化をします。飛び散るし、濡れる、濡れて心地よかったり悪かったり。泥がまじるとこねて形が作れる。そういうことを日常的にたっぷりとたくわえていく活動が自然そのものといえましょう。

すると仲間同士にことばが必ず落ちていきます。やりとりが始まります。子どもに応じた脳の働きがあります。仲間からの活動をもらいながら、自分は自分の表現を出しながら、次の活動が始まります。

4・5歳になったら共同の砂遊び、泥遊び、水遊びが楽しくなってきます。それを自分の世界で経験するのが1・2歳児。隣の様子を見たり、真似てみようとする模倣力は3歳児。一つの発達がブツ切れになるのでなく、そういう活動が心理的な動きも含めてつながっていく。

それを保育士が自分の思いで自分の活動だけさせようとなったら、面白くありません。子どもの意欲がそがれます。保育士も子どもの仲間になって、発見の喜び、工夫の喜びを共感する。共感することは子どもの活動を励ますことだから、私は大事にしたい関わりだと思うのです。

■こんな保育士を目指したい！

伊藤：悩んでいたので、今日のお話はとてもありがたかったです。保護者の方に対して、もっとクラスのことを伝えていけたらいいなと思いました。毎日子どもが「保育園に行きたい」「先生がいるから行きたい」と思ってもらえるような保育士になりたいです。

西田：保護者と伝え合うこと、子どもの気持ちを受け入れて対応することの大切さを再確認しました。自然と関わって学ぶことについては、上岡先生が言われたように、不思議に思うことを「どうしてやろう？」と考えて、行動することが大切だなと思いました。もっと自然を取り入れた保育をやっていこうと思いました。

泣いている子も笑顔になるような、笑顔あふれる人になりたいです。笑顔あふれるクラスを目指していきたいと思います。

依岡：今日のお話で、自分に足りないところ、これから成長していけるところを感じました。うちの園の自然体験を活かして、自然の大切さを子どもたちに伝え、子どももたちがのびのび育っていけるような保育をしていきたいと思います。一番には子どもの理解者でいること、子どもの目線で考えられるような保育者になり、子どもたちと一緒に育っていきたいです。

上岡：自分の健康にうんと気をつけて、自分も子どもと同じような感性を表現しながら、子どもと実践をつくりあえる、そんな保育を目指してください。

例えば、リズム運動など、保育士が中心になってしなければいけないこともあると思います。けど、子どもに任せられるところはたっぷり任せて、子どもからいろんなことをもらって、共感しながら、一緒に考えようね、というやりとりがずっと続いていくような、探しあう実践ができたらすごいなと思います。

もう一つは、勇気を持って、自分の実践をいろんな研究集会などで発表する、提案する。それをすることはものすごく自分が学ぶ力になるのです。自分の実践に自信を持ち、発表することを恥ずかしいと思わず、子どもが喜んでいる姿を堂々と集会に出し、皆さんの意見、批評を聞くことです。自分の実践を確かめるいい機会であり、学ぶことでもあり、子どもの発達や成長を引き出す力になっていくはずです。そのためにはたえず自分自身の実践を記録する。それが非常に大切なことですし、自身の反省材料にもなります。

保護者とつながってクラス便りのやりとりをすると、ものすごくいいと思います。自分を高めるために、子どもが育つために、そういう関わりができるといいんじゃないかと思いました。

3章

乳幼児期全体から子どもをとらえる

以前私は、1・2歳児の実践と4・5歳児の実践を本にして出しましたが、中間の3歳がないことがずっと気になっていて、今回そこをちゃんと埋められたらと思いました。本を読んでくれた人も1歳から5歳までつながっていれば、乳幼児期全体から子どもの成長をとらえられると思うし、それを期待したいと思います。

乳幼児期の子どもの特徴

子どもはやがて一人で生きていくようになるのですが、それまで子どもは今をいっぱいに溜め込みながら大人になっていきます。子どもの各時期がどのように大事な時期なのか、それぞれの特徴を見てみたいと思います。

・1、2歳児の特徴

1、2歳児は、「自分が、自分が」という思いがあっても、自立にはほど遠く、人に頼りながら生きている時期です。言ってみれば、自立への準備段階。生まれてから親と自分だけだった関係が周りに次第に広がっていき、人との関係の中で、信頼とか安心、喜びとかいったものをたっぷり身に溜め込んでいきます。その意味で、大人との関係がすごく大事な時期でもあります。

大人との関係が広がる一方、あれあれあれと思う間に自分の周りに小さい仲間がいるようになります。子どもは周りの大人や仲間を見渡せるようになり、意識できるようになるのです。これがもう一つの特徴です。この時期は、その喜びをどれだけ感じることができるかが、大きなポイントになります。実は既にここから、模倣という3歳児の特徴となる段階が始まっているのです。

私は0歳を担当したことはありませんが、0歳、1歳は一人ひとりの特徴をしっかり捉えること、押さえること、これが大事です。

2歳になって言葉が増えてくるまでは、言葉に代わるもの、表情とか「あー」「うー」など喃語《なんご》のようなものに頼っています。言葉を得ていくと、自分のことを表現するだけでなく、子ども同士、大人とも、よりつながりやすくなります。「分かってくれたんだ」とか、自分の言ってることが「伝わっているんだ」、他人と一緒に「考え合っているんだ」という実感が持てるようになります。つまり、2歳児は自分と他者との関係が分かり始める時期なのです。

思っていることを言う楽しみ、思いが伝わる喜びをたっぷり味わい溜め込むことで、3歳になって自我が目覚め、豊かに発達していくことになるのですが、その見通しをもって、0歳から1、2歳児に関わる必要があるでしょう。

・3歳児の特徴

3歳児になると、言葉がぐんと発達して、他者との関係がさらに広がり、内容が濃くなってきます。自我だけだったものが自分の周りの関係に花が開き、自己主張も多くなるけど、その時に言葉がある、動きが激しくなるという成長を伴うことで、他人の行動が見えてくるようになります。「ああ、自分じゃない人がいる」という気づきが強い実感となります。

〝自分と違う〟という認識は、逆に「あんなことを真似てやってみたい」、そして「あんなにしたらできるかもしれない」という他からの刺激を自分に取り込めるようになることを意味します。こうして、言葉と模倣を通して仲間とつながり、仲間の関係が増え、深まっていくわけです。

あの人と遊んだら楽しかった、みんなでこんなことをしたらおもしろかったなど、この時期は、自分を守るということも始まりだしますが、違う世界と対面し、取り入れだすことで自分が豊かになる実感を持つようになります。これが育ちに影響し、自己主張がしっかりと出てくるようになるのです。

関係が広がることは行動範囲が広がることでもあり、経験の量が増えていきます。

経験することの面白さが膨らみ、友達と経験することがとても楽しいという実感をどれだけ溜め込んでいくことができるか、これは4歳児につながっていく大事なポイントです。経験することは、考え抜く力を育てることにつながるからです。

これには、保育者の支えが大きく左右します。4歳児は仲間の中で自分の存在を確かにしていく時期なので、保育者はそのことを育てていく役目があります。それは、保護者にも分かってもらう必要があります。園内の日常のことをクラス便りなどを通して保護者に伝えつながりをつくっていき、保育士は保護者の安心を読み取りながら、4歳児に向かえるものを組み込んでいきたいものです。

・4、5歳児の特徴

4歳児になると、育ってきた自我を子ども同士の中でお互い光らせ合いながら、言葉に意味を込めて話し合いができるようになります。と同時に経験が太っていき、感性の表現が豊かになっていきます。つまり、これまで自分中心の関係で終わってきたことが、自分と仲間たちという関係に広がっていくのです。

仲間と関係することも、話し合いをすることも、上手になってきます。話し合いができだす効果として、遊びが発展していくことがあります。今まではできなかったことが、打ち合わせができるようなものなので、こうするともっとおもしろい、あんた向こうからこっちに来て、といった発展の仕方をしていきます。

子どもは仲間が必要に思え、ますます大事に思うようになります。子ども同士の話し合い、相談し合いがおもしろくなって、たっぷり他人の目、他人の意見を吸収していき、自分の幅を広げていきます。

5歳児になると、その関係がもっと広がって、今まで数人の仲間だった幅がクラス全員の中でもできるようになります。子ども同士の密度が高くなって、自分たちの生活を自主的に考えながら、考え合いながら、どんどん約束事や次にする事をつくっていくようになるのです。

運動会や劇などもみんなで上手にできるようになり、工夫し合えるようになります。すると、今までの何倍もの知恵が飛び出てきて、ああしてみようか、こうしてみようか、といった話し合いが始まり、そこから新しい発展につながっていきます。そこがおもしろいし、素敵です。そこから、どうすればイメージしたことができるかという先を見越した工夫も始まります。

こうして、考える力が耕され、自分一人ではできないことは仲間と作り出せる、何かを作りだそうと思ったら仲間の協力が必要、という思いが子どもの中に醸成されていくのです。

ここで大事なのは、意欲。遊び一つとっても、子どもがただ保育者から言われたことをやって守って遊んだのと、自分の意思で自主的で主体的に遊んだのとでは意欲の輝きが違います。この意欲の輝きから、感じる力、考える力、考えたことを表現する力が育ってくるのです。自分の言葉で、自分の意思で自分を表現するということは、人間らしさの頂点みたいなものだと思います。

人間らしくなっていくには、自立への発達の段階を、その年齢ごとに積み重ねていくことを大事にしたいと思います。就学へ向けて自主的な経験をたっぷり積み上げていくことで、より大きな集団に入っても大丈夫という育ちが備わるのです。

小学校に入るまでに付けたい力

・学童期を支える力（土台）をつくる

「うちの子はこれができんけど大丈夫だろうか」。子どもが仲間との関係を広げている姿を見ながら、保護者は自分の子どもと他の子どもをつい比べてしまいます。比較をすれば、すっすとできる子もいるし、できない子もいます。誰かから早教育の話を聞けば「うちの子も」と焦るのも無理がないこととも言えます。保護者には子どもへの期待があり心配もあるのです。

早くから勉強する、塾に行く、それは親の選択なので、私は止めたりも勧めたりもしません。しかし、小学校に入り、急にテストにつながる生活が始まるわけではありません。

興味を持てたり、表現できたり、仲間と一緒に考えることができ、協力して遊ぶことができる力、これが学童期の学習を支える能力であり、この力を身につけておけば、小学校に入って以降の、いわゆる教科書から学ぶ学力に必ずつながります。この、〃必ずつながる〟という安心感がとっても重要で、それがないと焦りが生まれてしまいます。しかし焦ってただ社会の流れに乗って先取りして、保育園ですべきことを置き去りにしたら、それこそ将来に禍根を残すことになります。

人生80年の時代です。すぐに役立つ明日の力だけではなく、80年を支える力を付けるという目標の下、各年齢で付けておく力を時期ごとにしっかり付けておくという視点を略することはできません。他人より早く知っていることが競争に有利なのではなく、人生一生の土台・基礎部分をしっかり形成しておくことこそ幼児期の最大の課題で、この時期にしかできないことなのです。

・仲間が大好きが出発点

確かに保育期は学童期につながっていかないといけないし、その準備期という位置づけもあります。ではいったい、準備とはなんでしょうか。

私がいつも思うことは、仲間が大好き、がまず出発点ということです。そして仲間と遊ぶこと、食事をしても昼寝をしても、なにをしても楽しいと思えること、です。

遊んでおもしろいのは「あの人」がいるからではなく、誰でもかまわないと思います。とにかく仲間と遊ぶということがおもしろいという実感をいっぱい溜め込むことが主眼でいいと思います。今日あんなことして面白かったなーという満足感、明日もまたこれをしようという希望、そんな思いで1日が終えられたらと思うし、自分の感性が1年ずっとつながっていくと思うのです。

あれも大事、これも大事、全部大事なんです。その年齢なりに最も大事なこと。例えば3歳児だと、自我と模倣欲が輝く時で、これをどれだけ大事にして蓄えさせていくか。自我と模倣欲は対立してるように見えるけど、仲間がいることで、仲間とつながりながら共に育つことで、矛盾ではなくなります。ここでも「仲間」がキイワードなんです。

自立に重要な意欲、実はこれはどこから生まれてくるかというと、関係が安定した仲間からもらえるものなのです。仲間意識がしっかり形成されていると、小学校に上がっても、クラスの中で自信をもってやっていける。もし学力の差があったとしても、やらないといけない時にできるという力が付いているので、できるのです。

そういう育ちをしていると、大人になっても仲がいい。卒園生の集まりで、その時に思い出話をすることがあります。親になって子どもの頃の思い出がしっかりある、ということはとても大事だと思わされます。それは、大人になる基礎ができているということであり、それができていれば何にでも意欲的に取り組める子に育つ、育ったということだと思うのです。

・豊かな幼児期を過ごしきる

幼児期の目標を一言で言うと、生きる力の基礎づくり。「生きる」ということは、いろんな生きることがあります。

水遊びの中で、お水が砂と混ざれば軟らかい感じになること、誰かにホースで水をかけられると痛いことに気づき、水はいろいろと変化することに気づきます。そういう、さまざまな自然の変化を、子ども自身が体のどこかで、皮膚を通して、目を通して、耳を通して、五感をフルに活用してとらえていく、こういう経験をいっぱいにします。

その裏側に何があるかというと、みんな違う感性を持っていて、違うことを考えて、それぞれ違った表現をするということがあります。表現することで、みんなが考えたことが仲間たちに広がっていき、つながっていき、発展していく。もっとつながったら、もっとおもしろいことができる、そういう自立の仕方をしていくわけです。つまり、仲間の存在が本人の自立や集団の育ちにとっても欠かせないのです。

子どもの一番の経験の基礎になるのは、経験した時に気づきや感じたことを表現した時です。そのことがいかに大切か、ということです。表現することによって、本人も考えるし、仲間たちも考える。ここで〝考える力〟が育っていき、自分の意見をつくることにつながっていく。それぞれが思いをだす、そこから話し合いが始まる、この関係が経験をして育つことの大元なのです。

経験のしっぱなしだったらそれはできません。そしたら仲間が好きになり、信頼し、もっとやろうもっとやろうという関係の中で工夫が始まる。そういう関係は幼いからできないじゃなくて、日常の些細なことの積み上げからできるようになるのです。日常の些細な経験、感じたことの表現、仲間の表現をもらいながらやり取りする。つまり、遊びや学びを経験する↓自分の思いを表現する↓仲間と話し合う↓自分に取り入れる、このやりとりをどれだけ豊かにできるか。これが育ち合いの実践の大元だと思うのです。

1、2歳児なら何が大事か、4、5歳児なら何が大事か、保育士は皆これを持っています。たまたま私は3歳児の自我と模倣欲について触れましたが、それが育ちの基本だからです。私が思うのは、幼児期にしておくべきことをしっかり身に付ける、そしたら必ず学童期につながっていく。焦ることはないと思っています。

保育士の役割

・チャンスをとらえる

子ども自身が発見したこと、気づいたこと、を保育士がそれをとらえて、仲間の中に落していく、そのエキスを落としていくことが重要です。そのちょっとしたきっかけで、子どもの経験の輪が広がっていく、不思議さや面白さが広がっていく、発見しようとする意欲が広がっていくのです。「またやってみよう」「昨日はこうだったけど今日はこうやってみよう」という意欲と変化が育っていきます。こうした成長は、一方的に投げかける保育をしているだけでは育たないことです。

集団生活だけでなく家庭も含めて、子どもは子ども同士のやりとりの中で育ちます。ここではトラブルもけんかもあるだろうけど、2、3歳になって言葉でやりとり思ったこと感じたことの伝え合いができだすと、相手の気持ちが分かるようになり、トラブルも少なくなります。

できるだけ多くの経験を積み、そして経験したことに満足せず表現する機会を工夫する、そこに保育士の役割があります。子どもたちそれぞれにいろんな表現のし方があるので、それを1人ひとりに見つけ、それぞれの表現方法を認めていくようにするのです。

例えば3歳児だと自己中心的な面が強いので、「Aちゃんはこうだからこう言ったんだよねえ」と認めながら、「そうか、Bちゃんはこう思ったんだね」と認め、「さあ、どうしたらいいかな」と話しかけながら、それが考える力につながるように、考え合いが楽しくなるような関わり合いを育てていくのです。両者の思いを大事にして交流できる関係を作っていき、考える力を増やしていく。

これが「育てる」という保育の仕事だと思うのです。このやりとりにどう関わっていくのか、実は日々の現場の大きな課題でもあります。

・子どもの発信を逃さない

言葉で表現できない1、2歳児の場合も同じです。ただ泣いていても「なぜ泣いているのか」が分かりません。年齢が幼ければ、「痛かったよねえ」と言うのではなく、「○○ちゃん、泣きよるねえ。どうしたろうねえ」とか、原因をつくった子にも「痛そうにしているねえ」とか、いろんな言葉を交ぜながら様子を伝えてあげる。そうすると、

「こうしたら痛いのか」と子どもはハッと気づくのです。

こんな繰り返しを年齢が低い時からたくさんしておかないと、叩かれたことがない子は〝痛み〟が分からないまま大人になってしまいます。言葉で「あやまりなさい」と言われたり、「もうしたらいかんよ」と威圧で抑えられたら、そこからは伸びません。やったりやられたりしながら、そのことがどう痛かったのか、どう悪かったのか、子どもが自分で考えることを育てていくことが大事だと思います。これは、その時にしかできないことでもあるのです。

3歳では自己中心的で主張が多いけれど、そんな時でも相手の思いを一緒に聞いてみようとする大人の役割がいります。「どうしたが？」と痛いところをさすってあげたり薬をつけたりしながら、大事にしてあげてねというところを見せる。〝伝える〟役割が保育士にあり、大事なことなのです。子どもだけではできない経験を重ねながら、子どもは五感で感じ、成長していくのです。

こうした経緯を経て4、5歳になり、友達のことが考えられるようになると、泣いている子がいれば「どうしたが？」と聞いたり、「痛いねえ」と同情したり、一方の子に「痛がっちゅうよ」と様子を伝えたり、対応に困ると「痛いと～！」と保育士に知らせに来たりすることにつながっていくのです。

子どもたちの日常の些細な育ちを支えていくことで、子ども自身の能動的な動き、主体的な動きが出てくるのだと思います。

・子育てを保護者と共有する

保護者には参観日などの行事を通し、子どもたちの様子を見てもらうことをしています。懇談会などを開いても参加できない親も多く、参加できてもたくさん発言できる親もいればあまりしない親もいます。しかし、そこで言えなくても保育士が毎日の関わりの中で無理に引っ張っていくんじゃなくて、「あ、そんなこともあったの？」といった親の言葉に共感しながら、園の様子を話し合えるチャンスを見つけ、互いに受け入れ合える関係を築くように心がける。このチャンスづくりが大事だと思います。

入園した時から仲間との関係がどう広がったかは、園内を１日見ただけでは伝わりにくいことです。子どもの様子、とくに育ちの変化が見えることが肝心です。そのために、たくさんの気を使い、時間を使う。そうなった時に、初めていろんな事を話せるようになるのです。クラス便りに書いたり個人的に話しかけたりすることで、変化を見たり知ったりすると、もっと話してみようかという気持ちが親に生まれます。その意味で、クラス便りなどを通して、子育てを保護者と共有することが大切です。

毎日の様子を安心して見てくれている、保育園に行くことを安心してくれている、そういう場だと実感してほしいと思うのです。安心できていたら、子どものことを話してみようかな、と思ってもらえます。保護者が安心してくれることで、別の相談もしてもらえるし、家の様子も伝わってくるようになります。そうなると保育士自身も嬉しいし、安心します。

保育者は、保育園で子どもを育てているわけですが、子どもが育っていく関係を保育園だけで見るのでなく、家庭ではこういう育ち方があるなと知ることも必要で、交流が大事なのです。

少しずつ少しずつ保護者に浸透していき、安心した関係をつくり、子どもをとりまく環境を安定させることは、保育士の役割でもあると思います。

おわりに

「先生、この子泣きゆうぜ」と言ってくるY。そこには、なぜ泣いているのだろうと不思議に思う気持ちがあるようでした。その一方で、箱積み木で組み立て遊びをしているとき意見が分かれ、お互いに自分の思いを譲らないAとBがいます。

一般的に、３歳児は自分だけしか見えない乳児期から、少しずつ周りのもの・自分と友だちとの関係などが判り出す時期だと言われています。たとえば、年長児の遊びのまねをして一緒に遊べるようになる、親との買い物で経験したことをお店屋さんごっこに生かす、お医者屋さんごっこで出てくるアイデアは自分の体験に基づいている、などです。

このように、日常生活で体験したことを遊びの中に再現して、自分のものにしていくことができるようになる年齢なのです。つまり、３歳児の発達の特徴である「自我と模倣欲」が旺盛な時期に、この関係を豊かにくぐり抜けさせたいと考えました。

子どもたちが成長していくにはいろいろな要素があり、一様ではありません。その中の一つ、自然環境は重要なものだと私は考えてきました。私が農家に生まれ育ち、農作業の手伝いを通して、身近に自然の移り変わりを感じてきたこともありますが、最近のように、自然環境が失われていく時代にはとくに重要視することが大切だと感じています。

捕まえたおたまじゃくしを飼育して、いろいろな変化に気づき、おどろきや感動が生まれます。カブを育てたときは、芽が出てくるようすから、花が咲き、種が実るまで観察しましたが、その過程で色々な発見がありました。

これらのことが子どもたちの内面に働き掛けて、子どもたちは成長していくのです。どの年齢の子どもを担当したときも、子どもたちの感性の育ちを大切に、発見、感動などを重視して保育をしてきました。

この3歳児の記録もそのことに変わりはありませんが、「はじめに」でお断りしましたように、現職を退いてあまりにも時間が経っていること、資料の散逸などで不十分な実践記録になってしまいました。

写真を多くしていますので、職場であったことを思い出しながら（現職の方もおられますが）、気軽に目を通していただければありがたいと思います。

最後になりましたが、元高知県立保育専門学校の森岡和子先生と、南の風社社長・細迫節夫様にお礼を申し上げます。

森岡先生には在学中はもちろん、一時期同校付属保育園に勤めたとき、保育の基本を教えていただきました。先生は常に、『実践記録の大切さ、それを整理して自分の反省材料にし、次の実践に生かすこと』を説かれていましたが、つたないながらその教えを守った結果が、前二著とこの本につながったと思っています。

細迫節夫様には、この本を出すにあたって、若い保育士さんたちとの懇談の場を与えていただきました。また、退職後18年たち、ともすれば薄れゆく私の保育についての考えを掘り起こしていただき、少しは私なりの表現が混じるものの、わかりやすい平明な文体で、聞き取りの内容を文書化していただきました。おかげさまで過不足なく、私が考え実践してきたことが表せたと思っています。それがこの本書の２章と３章です。

このお二方には心からお礼を申し上げます。本当にありがとうございました。

上岡　勢津（かみおか　せつ）

1940年　高知県須崎市に生まれる。

1961年　高知県立保育専門学校卒業。
高知県社会福祉協議会、高知県立保育専門学校付属保育所、
県立障害児施設を経て、高知市立保育園に勤務。

1997年　高知市立愛善保育園を最後に退職。

著書

「みんなで育ち合う保育を見つめて」

「輝きをもらいながら――1、2歳児とともに」（南の風社）

「今をいっぱいに輝いて――4、5歳児の2年間」（南の風社）

「自然の不思議みつけよう」（あゆみ出版）

こころことば輝いて

育ちあう3歳児の1年

著　著：上岡　勢津

発行日：2015年 1月 10日

発　行：株式会社 南の風社

〒780-8040　高知市神田東赤坂 2607-72

TEL：088－834－1488　　FAX：088－834－5783

E-mail：edit@minaminokaze.co.jp

H P　http://www.minaminokaze.co.jp

カバーイラスト：浅利 友美